MÉTODO O CAVAQUINHO

Cifrado e harmonizado em sequências por
ARMANDO BENTO DE ARAÚJO
(Armandinho)

Nº Cat.: IVFB-3082

Irmãos Vitale Editores Ltda.
vitale.com.br
Rua Raposo Tavares, 85 São Paulo SP
CEP: 04704-110 editora@vitale.com.br Tel.: 11 5081-9499

© Copyright by Fermata do Brasil Ltda. - São Paulo - Brasil.
Todos os direitos autorais reservados para todos os países. *All rights reserved.*

CIP-BRASIL. CATALOGAÇÃO NA PUBLICAÇÃO
SINDICATO NACIONAL DOS EDITORES DE LIVROS, RJ

A687m

    Araújo, Armando Bento de, 1916-2017
      Método o cavaquinho / Armando Bento de Araújo (Armandinho). - 1. ed. -
São Paulo : Irmãos Vitale, 2020.
      44 p. ; 22 cm.

      Inclui bibliografia e índice
      ISBN 978-85-7407-198-5

      1. Música - Instrução e estudo. 2. Cavaquinho - Métodos. I. Armandinho,
1916-2017. II. Título.

20-65929   CDD: 780.7
                               CDU: 780.71

Camila Donis Hartmann - Bibliotecária - CRB-7/6472

13/08/2020   17/08/2020

Eu, Armando Bento de Araújo, conhecido como "Armandinho", título esse que ganhei no meu tempo de criança em Ribeirão Preto, minha terra natal, onde comecei dedilhando o cavaquinho aos oito anos de idade. Ganhei de presente um cavaquinho de um senhor, meu vizinho, muito amigo de meus pais. Naquele tempo era difícil encontrar alguém que ensinasse esse delicado instrumento, principalmente no interior. Mas com muita força de vontade, fui desenvolvendo sozinho, aprendendo, ouvindo pelo rádio os programas de GAROTO, ZÉZINHO, NESTOR, PINHEIRINHO e outros. Em pouco tempo já estava tocando na P.R.A.I de Ribeirão Preto, hoje P.R.A.7.. Por intermédio de Vicente Leoperace, fui contratado pela Rádio Atlântica de Santos - S.P., Onde trabalhei vários anos, quando recebi o título de "O CAVAQUINHO DE OURO DA G.5". Conheci e acompanhei os melhores cantores do Brasil e alguns estrangeiros. Hoje, estou vivendo muito bem graças a Deus, e é com saudades que recordo os meus colegas de rádio.

Armando Bento de Araújo
"Armandinho"

ÍNDICE   Pág.

O cavaquinho em sequências... 06
Cifrado... 07
Quadro de tonalidades naturais... 07
Sua capacidade 07
Afinação.. 07
Braço do cavaquinho com cordas soltas e presas 07
A pestana 07
Exemplos.. 07
Como se toca o cavaquinho 08
Ritmos com exemplos obedecendo a divisão musical 08
Quadro de todas as tonalidades 08
Exemplos.. 08
Explicações e exemplos... 09
Tonalidades cifradas... 09
Primeiras sequências 09
Voltas, pulos e finais.. 09
Início das 96 sequências em todos os tons.. 10 - 33

Melodias com letras cifradas

Nervos de aço.. 34
Bom dia tristeza.. 35
Não deixe o samba morrer.. 35
Samba do Arnesto.. 36
Tiro ao Alvaro... 36
Escurinha.. 37
Ai que saudade da Amélia... 37
Naquela Mesa... 38
Tamanco no samba.. 38
Mulher de trinta.. 39
A voz do morro... 39
Se acaso você chegasse... 40
Trem das onze... 40
Saudosa maloca... 41
Retalhos de cetim... 42
A noite do meu bem... 43

"O CAVAQUINHO EM SEQUÊNCIAS"

" O Cavaquinho Cifrado e Harmonizado em Sequências" é o mais completo, moderno e comunicativo livro feito até hoje sobre Cavaquinho. Muitas pessoas gostariam de saber executá-lo, chegou a ser esquecido anos atrás.

Fez sucesso no tempo do Zezinho, Tatuzinho, Garoto, etc.

Tempos depois, surgiu Waldir Azevedo com seu talento, dando-lhe mais vida e popularidade. Hoje já é um dos instrumentos mais populares do Brasil. É um instrumento indispensável principalmente para os nossos Conjuntos Regionais, nossos Sambistas, Escolas de Samba, etc.

Nomes que se tornaram populares com o Cavaquinho:

Zezinho (Zé Carioca)	S.P.
Tatuzinho	R.J.
Garoto	S.P.
Pinheirinho	S.P.
Esmeraldino	S.P.
Canhotinho	S.P.
Canhoto	R.J.
Waldir Azevedo	R.J.

CIFRADO

O Cifrado representa as notas musicais por letras e os nomes das tonalidades. Os tons maiores e menores são representados somente por letras maiúsculas. Os tons maiores representados por letras maiúsculas. Exemplo: DÓ Maior **C**. Os tons menores representados pelo **m** minúsculo colocado após a letra correspondente ao tom. Exemplo: DÓ Menor **Cm**.

Os tons maiores com Bemol e Sustenido são representados e colocados após as letras correspondentes aos tons. Exemplos: Sol Bemol Maior ou FA Sustenido Maior **Gb** ou **F#**. Os tons menores com Bemol e Sustenido são representados e colocados após as letras correspondentes aos tons. Exemplos: MI Bemol Menor ou RÉ Sustenido Menor **Ebm** ou **D#m**. Os tons maiores com Sétima Diminuta são representados e colocados após as letras correspondentes aos tons. Exemplos: DÓ com Sétima Diminuta **C7º** ou **Cº**.

Quadro das Tonalidades Naturais

Nomes dos tons maiores	Por Cifra	Nomes dos tons menores	Por Cifra
DÓ = Maior	C	DÓ = Menor	Cm
RÉ = Maior	D	RÉ = Menor	Dm
MI = Maior	E	MI = Menor	Em
FÁ = Maior	F	FÁ = Menor	Fm
SOL = Maior	G	SOL = Menor	Gm
LÁ = Maior	A	LÁ = Menor	Am
SI = Maior	B	SI = Menor	Bm

SUA CAPACIDADE

O Cavaquinho é um instrumento que quase não tem recursos para solos, como por exemplo o Bandolim e o violão Tenor, devido à sua afinação. Entretanto sempre foi indispensável em Conjuntos Regionais, pois seu centro mantém o ritmo musical com grande destaque. Nem todos tocam na sua verdadeira afinação. Muitos tocam na afinação de Bandolim e pelas primeiras quatro cordas do Violão. A posição para segurar o Cavaquinho é a mesma do Bandolim.

AFINAÇÃO

A verdadeira afinação do Cavaquinho, contando do grave para o agudo, é a seguinte: **RÉ SOL SI RÉ** no Cifrado **D G B D**. Para afiná-lo: acertar pelo novo Diapasão para Violão. Exemplo: igualar com o som da 4ª corda **RÉ**, 3ª corda **SOL**, 2ª corda **SI** e a 1ª corda **RÉ** com a mesma 4ª corda **Ré** abaixo. Aí, então, teremos sua afinação certa.

BRAÇO DO CAVAQUINHO

Seu braço completo de cima para baixo é composto de 18 à 19 casas. Porém, para facilitar, as seqüências estão escritas somente até a Sétima casa.- Os traços verticais são as cordas e os horizontais os trastes que formam as casas. Os traços verticais numerados de 1 2 3 4 são as cordas do Cavaquinho. Pela ordem, do agudo para o grave temos: 1ª corda **RÉ**, 2ª corda **SI**, 3ª corda **SOL**, 4ª corda **RÉ**. Os números nas cordas e casas indicam os dedos da mão esquerda 1 2 3 4.

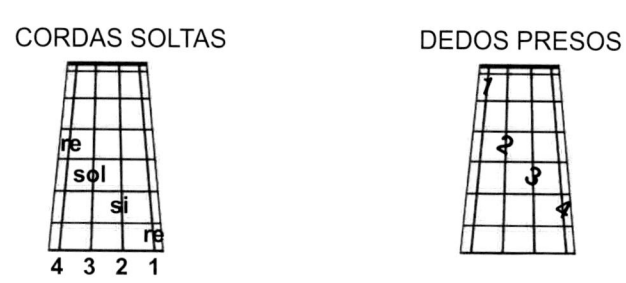

A PESTANA

O sinal em forma de flecha ← chama-se Pestana. Esta é feita com o primeiro dedo da mão esquerda nas casas que são contadas de cima para baixo entre as cordas e os trastes. A Pestana é feita em quatro, três e duas cordas, e com quatro dedos que substituem o primeiro. As cordas devem ser presas com os dedos de pé, separados uns dos outros, encostados nos trastes com o pulso bem curvado para facilitar a formação dos tons, com exceção da Pestana.

EXEMPLOS

A — Pestana em 4 cordas
A7 — Pestana em 3 cordas
F#7 — Pestana em 2 cordas
A — Pestana com 4 dedos

COMO SE TOCA O CAVAQUINHO

O Cavaquinho é tocado com o auxílio de uma "palheta" igual à do Bandolim, Violão Tenor, etc. Deve-se segurar a palheta entre o polegar e o indicador da mão direita e com o pulso leve. As quatro cordas devem ser sempre arpejadas afim de se obter um som melodioso. A palheta deve ser usada nos dois sentidos para evitar o cansaço do pulso. É usada para solos e acompanhamentos. Uma coisa que se torna um pouco difícil, porém necessária de se saber é o tremular, mas isso se adquire com a prática e o tempo. No princípio, procure estudar as primeiras seqüências dentro de um ritmo de seu agrado. Quando encontrar só uma ou duas ou três cordas presas, tocar as soltas juntamente com estas presas, pois isso faz parte das tonalidades.

Rítmos com exemplos
obedecendo a divisão musical

Ferir todas as cordas com a palheta, obedecendo as flechas que indicam para cima e para baixo.

SAMBA CANÇÃO — EXERCÍCIOS COM REPETIÇÕES

SAMBÃO — EXERCÍCIOS COM REPETIÇÕES

QUADRO DE TODAS AS TONALIDADES

Quadro de todas as Tonalidades Naturais, Bemóis, Sustenidos e Relativos. Relativo: um tom é relativo de outro quando apresenta na clave os mesmos acidentes ou sinais de Tonalidade. Em tal caso, um dos tons é Maior e o outro Menor.

Bemóis e Sustenidos: o bemol abaixa 1/2 tom e o sustenido aumenta ½ tom.

EXEMPLOS

C Am DÓ Maior e LA Menor Relativos Vice-versa	F Dm FÁ Maior e RÉ Menor Relativos Vice-versa	B Cb SI Maior ou DÓb Maior e G#m Abm SOL# Menor ou LÁb Menor Relativos Vice-versa	Ab Fm LÁ b Maior e FÁ Menor Relativos Vice-versa
D Bm RÉ Maior e SI Menor Relativos Vice-versa	G Em Sol Maior e Mi Menor Relativos Vice-versa	Bb Gm SI b Maior e SOL Menor Relativos Vice-versa	Db C# RÉ b Maior ou DÓ# Maior e Bbm A#m SI b Menor ou LÁ# Menor Relativos Vice-versa
E C#m MI Maior e DÓ# Menor Relativos Vice-versa	A F#m LA Maior e FA # Menor Relativos Vice-versa	Eb Cm MI b Maior e DÓ Menor Relativos Vice-versa	Gb F# SOL b Maior ou FÁ# Maior e Ebm D# m MI b Menor ou RÉ# Menor Relativos Vice-versa

EXPLICAÇÕES E EXEMPLOS

Aqui temos os tons mais usados com seus Relativos para Cavaquinho até a Sétima casa.

Primeiras-Segundas-Preparações para Terceiras Maiores-Menores-Diminutas-Passagens entre tons e Relativos.

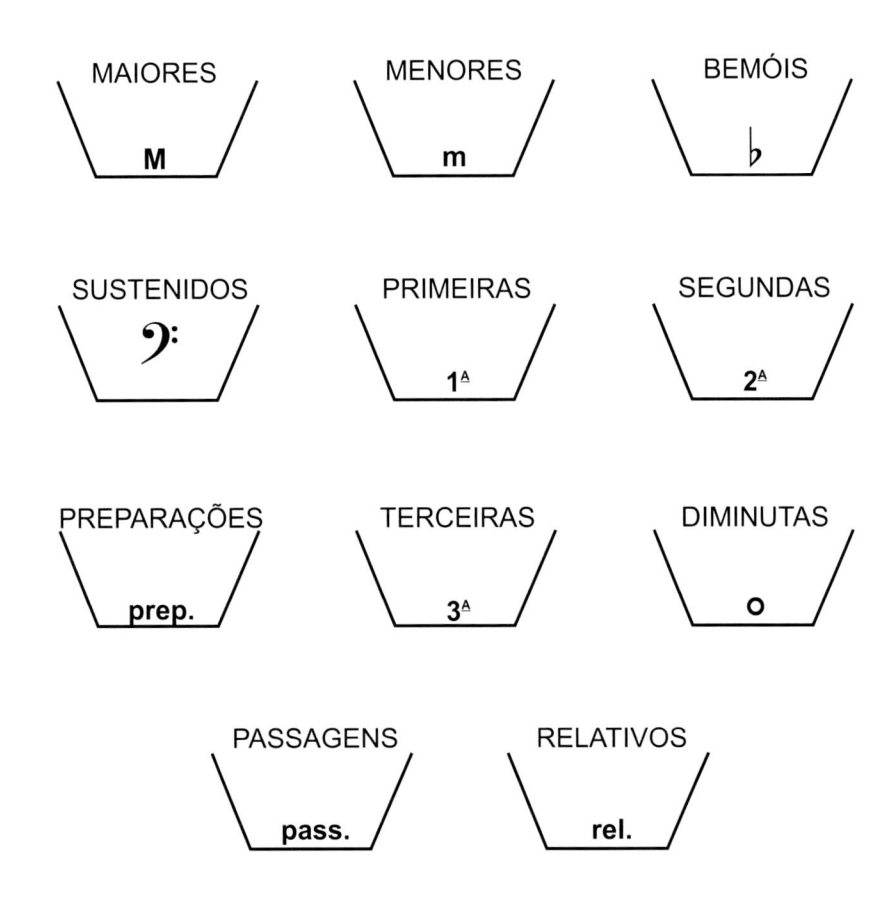

- MAIORES — **M**
- MENORES — **m**
- BEMÓIS — ♭
- SUSTENIDOS — ♯
- PRIMEIRAS — 1ª
- SEGUNDAS — 2ª
- PREPARAÇÕES — prep.
- TERCEIRAS — 3ª
- DIMINUTAS — o
- PASSAGENS — pass.
- RELATIVOS — rel.

TONALIDADES CIFRADAS

Em todas as tonalidades cifradas, as sequências foram feitas em quatro colocações diferentes. Duas para os tons Maiores e Menores e duas para as Introduções Maiores e Menores com preparações para cantor. Nas melodias cifradas você vai encontrar tons não escritos nas seqüências.,

PRIMEIRAS SEQUÊNCIAS

No princípio, procure estudar só as primeiras sequências dos seis primeiros tons, juntamente com seus relativos.

Este exemplo será o suficiente para você adquirir um bom conhecimento e depois dar prosseguimento nas outras seqüências. Continuando a ordem dos exercícios das seqüências harmonizadas, você já irá perceber que estará acompanhando alguma melodia e poderá se preparar para acompanhar outras de sua predileção.

Em todas as tonalidades as sequências são as mesmas, só mudando os nomes dos tons, colocações de dedos e as casas.

VOLTAS, PULOS E FINAIS

As bolinhas pretas com 1ª vez e 2ª vez entre as linhas verticais e horizontais acima das tonalidades estão dando as indicações.

Fazer as sequências até as segundas bolinhas, voltando às primeiras até pular a 1ª vez para 2ª vez com finais e preparações para cantor.

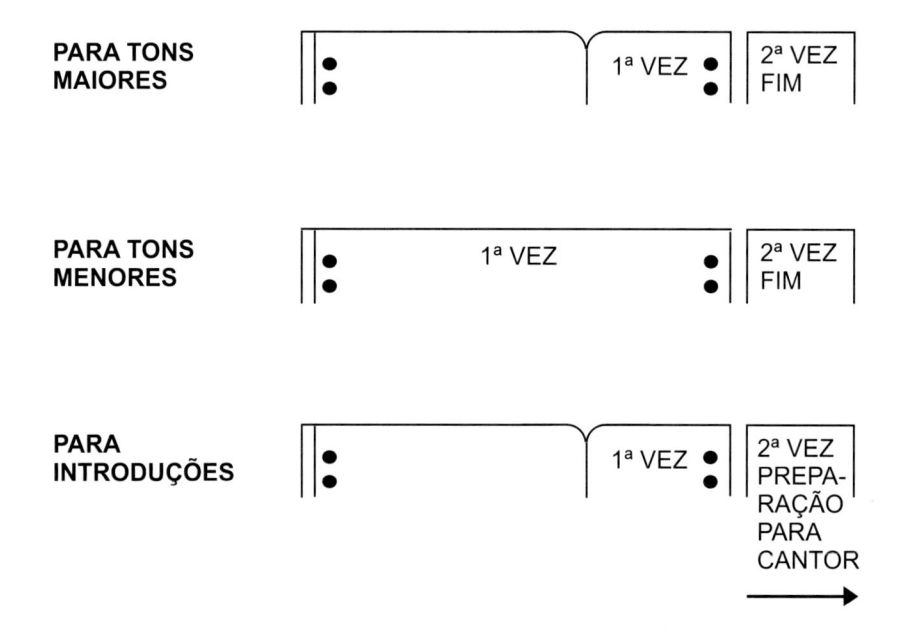

PARA TONS MAIORES — 1ª VEZ | 2ª VEZ FIM

PARA TONS MENORES — 1ª VEZ | 2ª VEZ FIM

PARA INTRODUÇÕES — 1ª VEZ | 2ª VEZ PREPARAÇÃO PARA CANTOR →

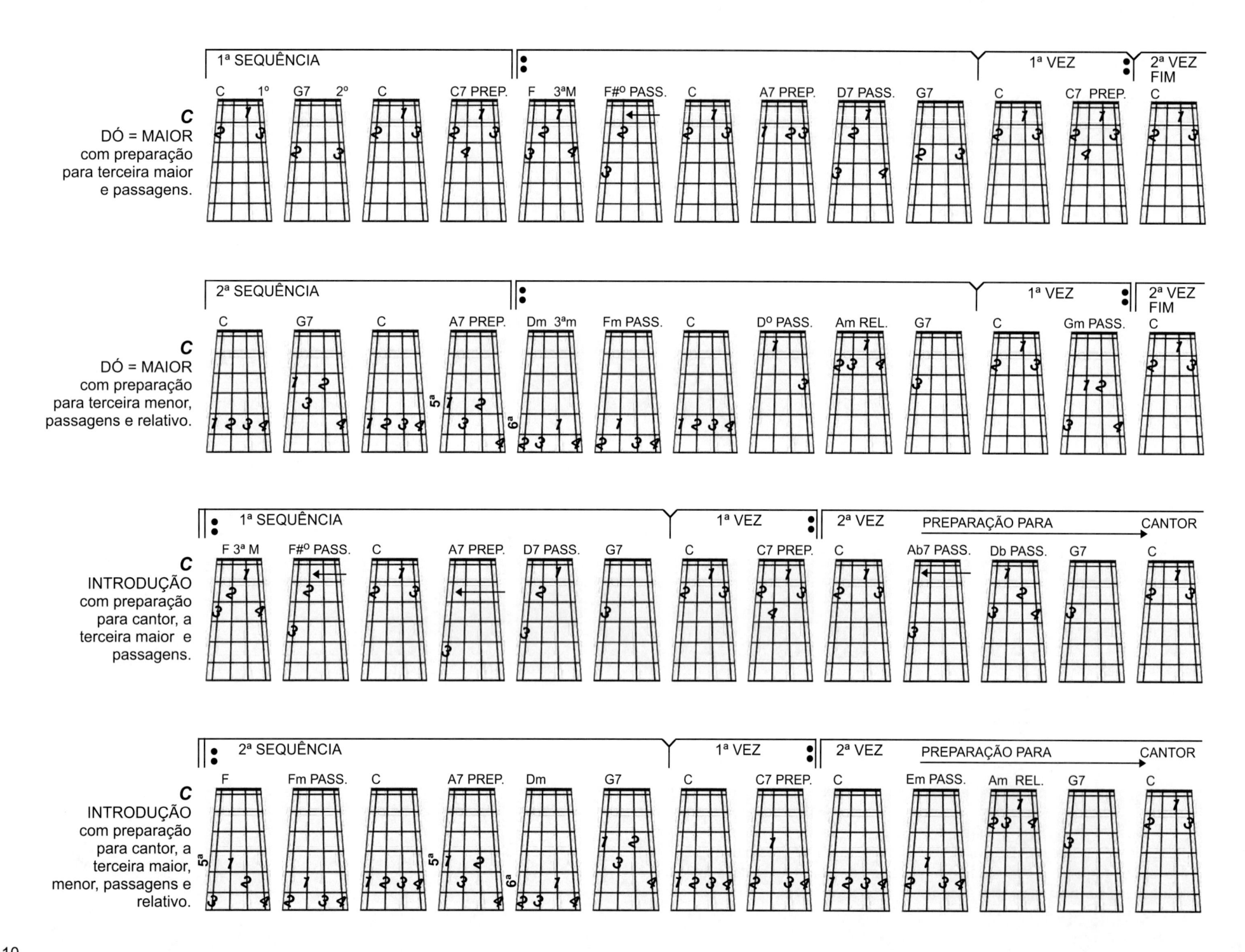

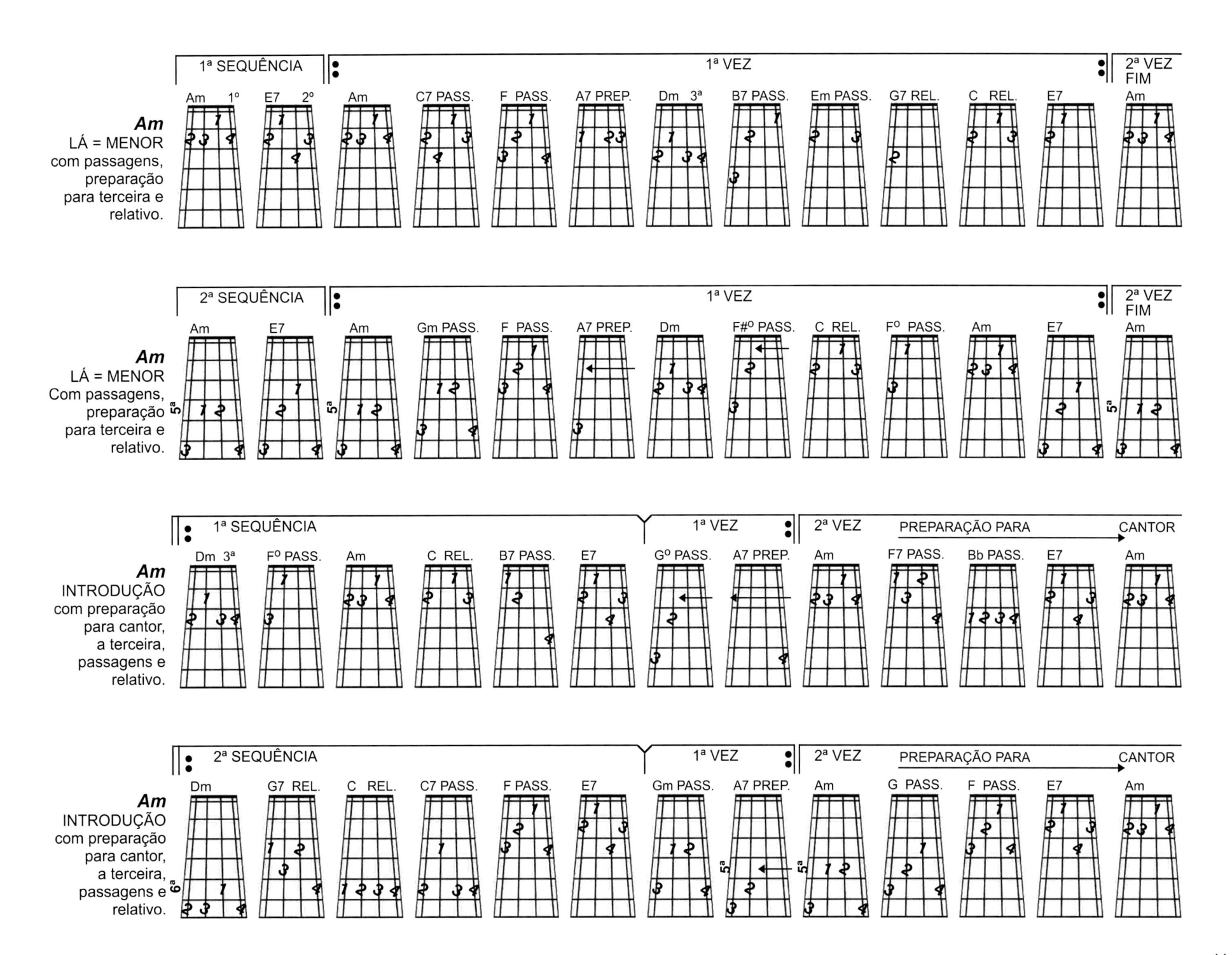

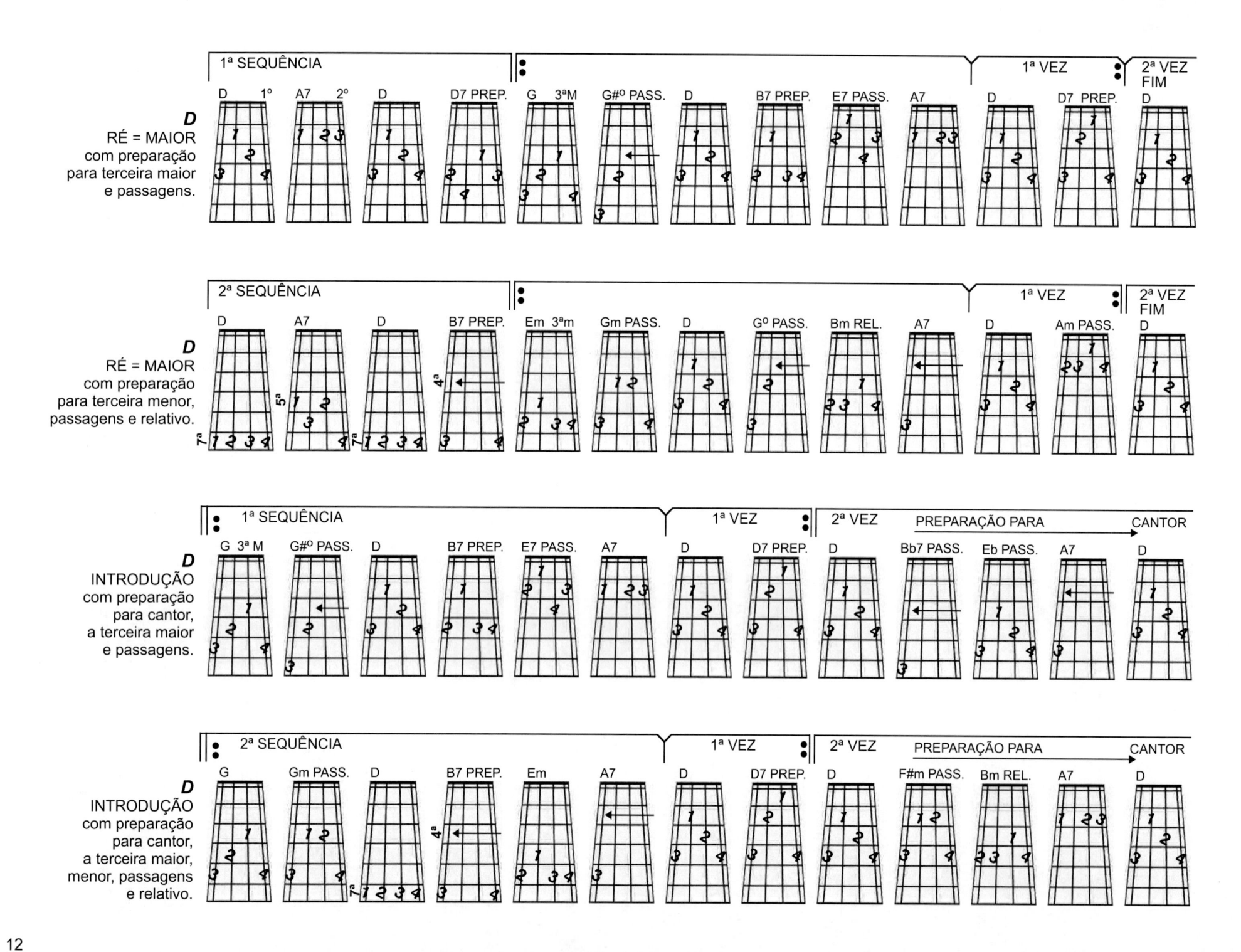

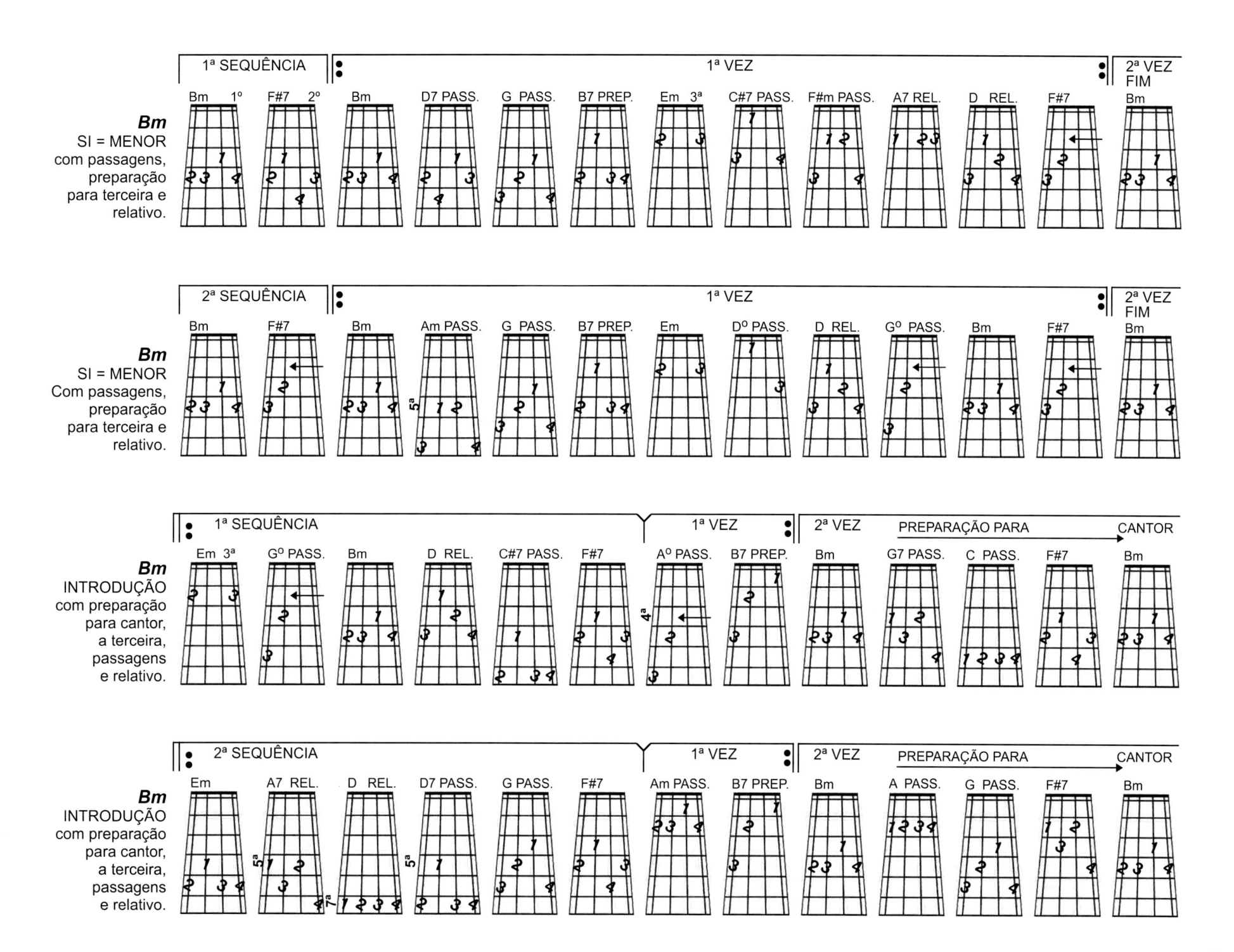

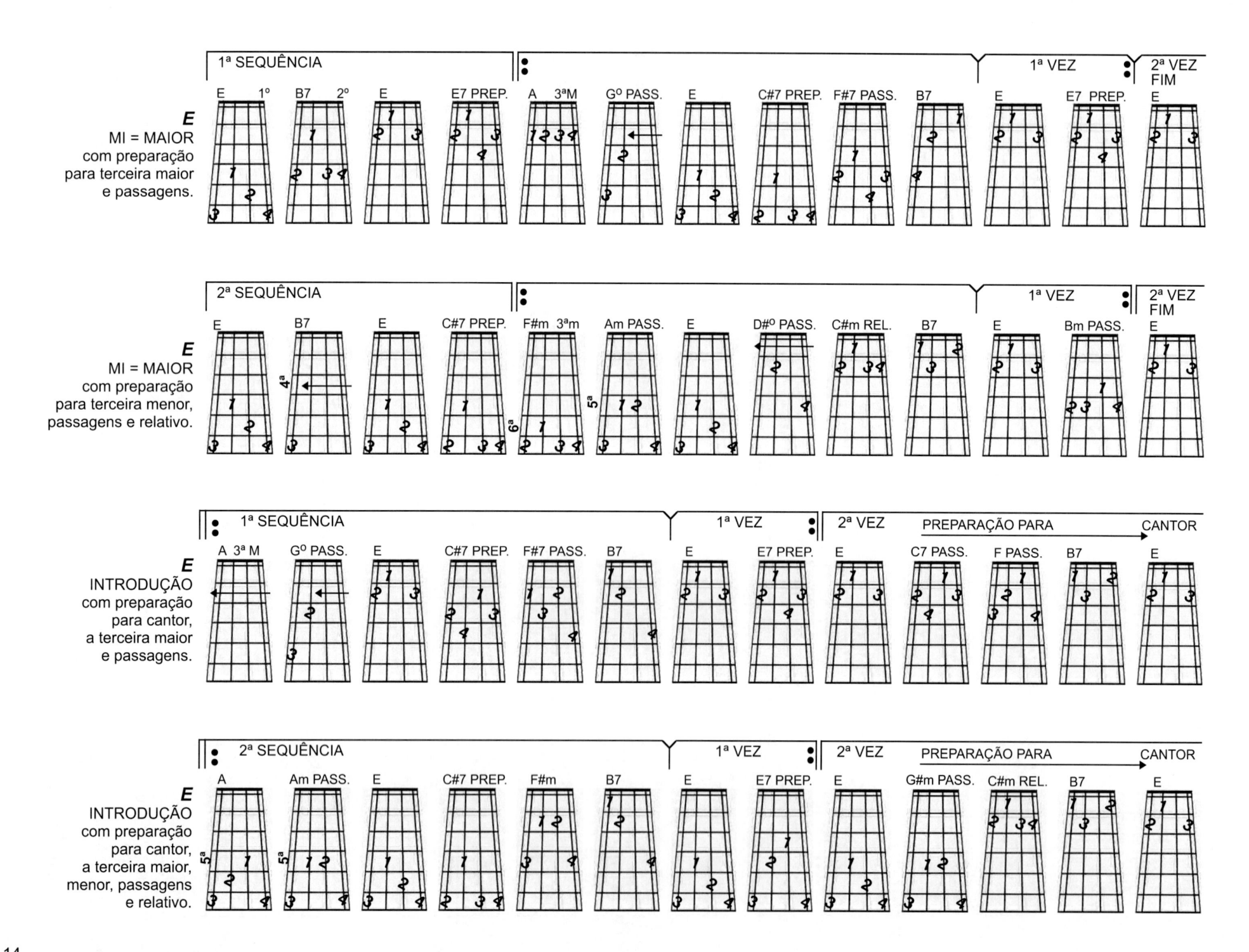

E — MI = MAIOR
com preparação para terceira maior e passagens.

1ª SEQUÊNCIA
| E 1° | B7 2° | E | E7 PREP. | A 3ªM | G° PASS. | E | C#7 PREP. | F#7 PASS. | B7 | 1ª VEZ: E | E7 PREP. | 2ª VEZ FIM: E |

E — MI = MAIOR
com preparação para terceira menor, passagens e relativo.

2ª SEQUÊNCIA
| E | B7 | E | C#7 PREP. | F#m 3ªm | Am PASS. | E | D#° PASS. | C#m REL. | B7 | 1ª VEZ: E | Bm PASS. | 2ª VEZ FIM: E |

E — INTRODUÇÃO
com preparação para cantor, a terceira maior e passagens.

1ª SEQUÊNCIA
| A 3ªM | G° PASS. | E | C#7 PREP. | F#7 PASS. | B7 | 1ª VEZ: E | E7 PREP. | 2ª VEZ: E | C7 PASS. | F PASS. | B7 | E |

PREPARAÇÃO PARA → CANTOR

E — INTRODUÇÃO
com preparação para cantor, a terceira maior, menor, passagens e relativo.

2ª SEQUÊNCIA
| A | Am PASS. | E | C#7 PREP. | F#m | B7 | 1ª VEZ: E | E7 PREP. | 2ª VEZ: E | G#m PASS. | C#m REL. | B7 | E |

PREPARAÇÃO PARA → CANTOR

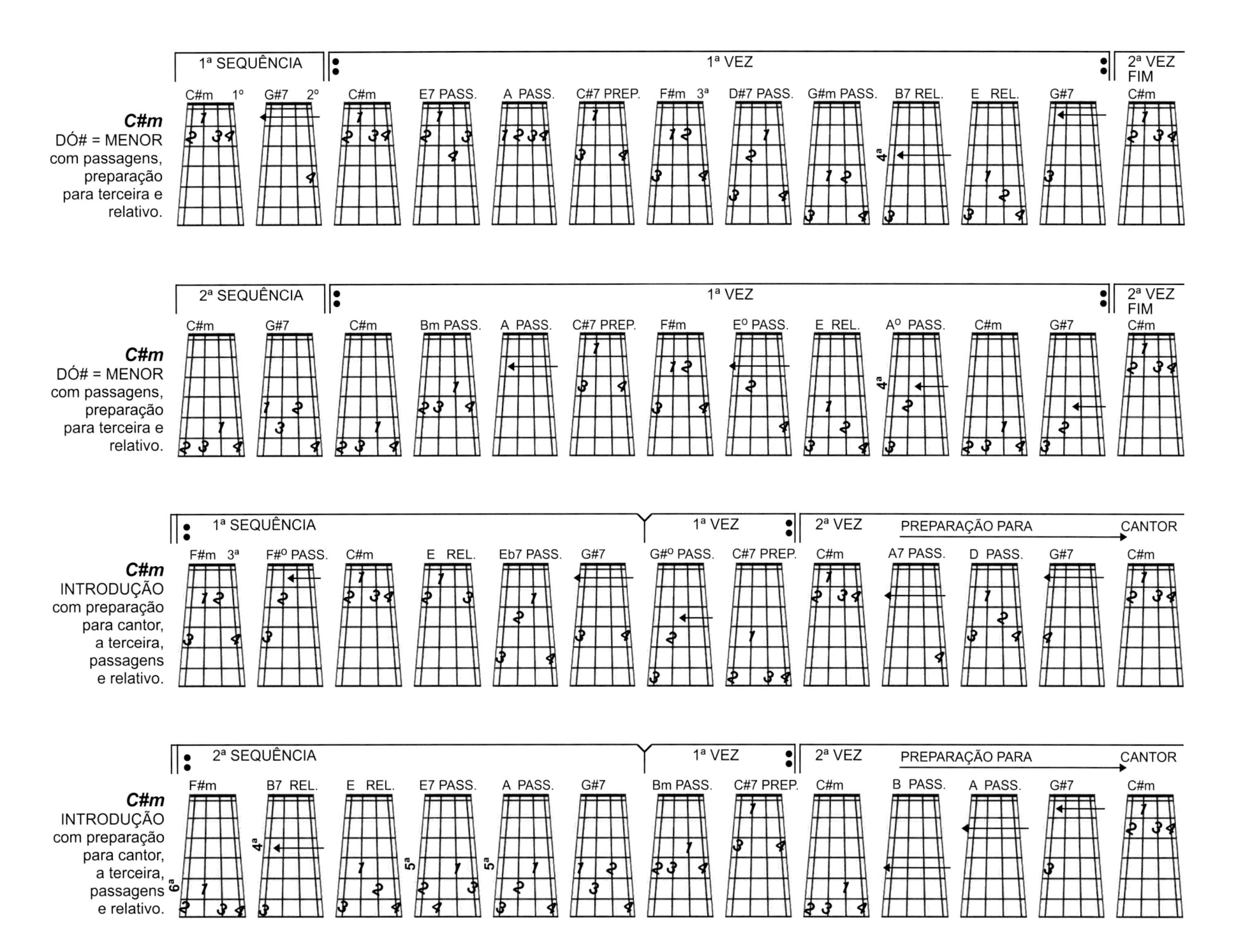

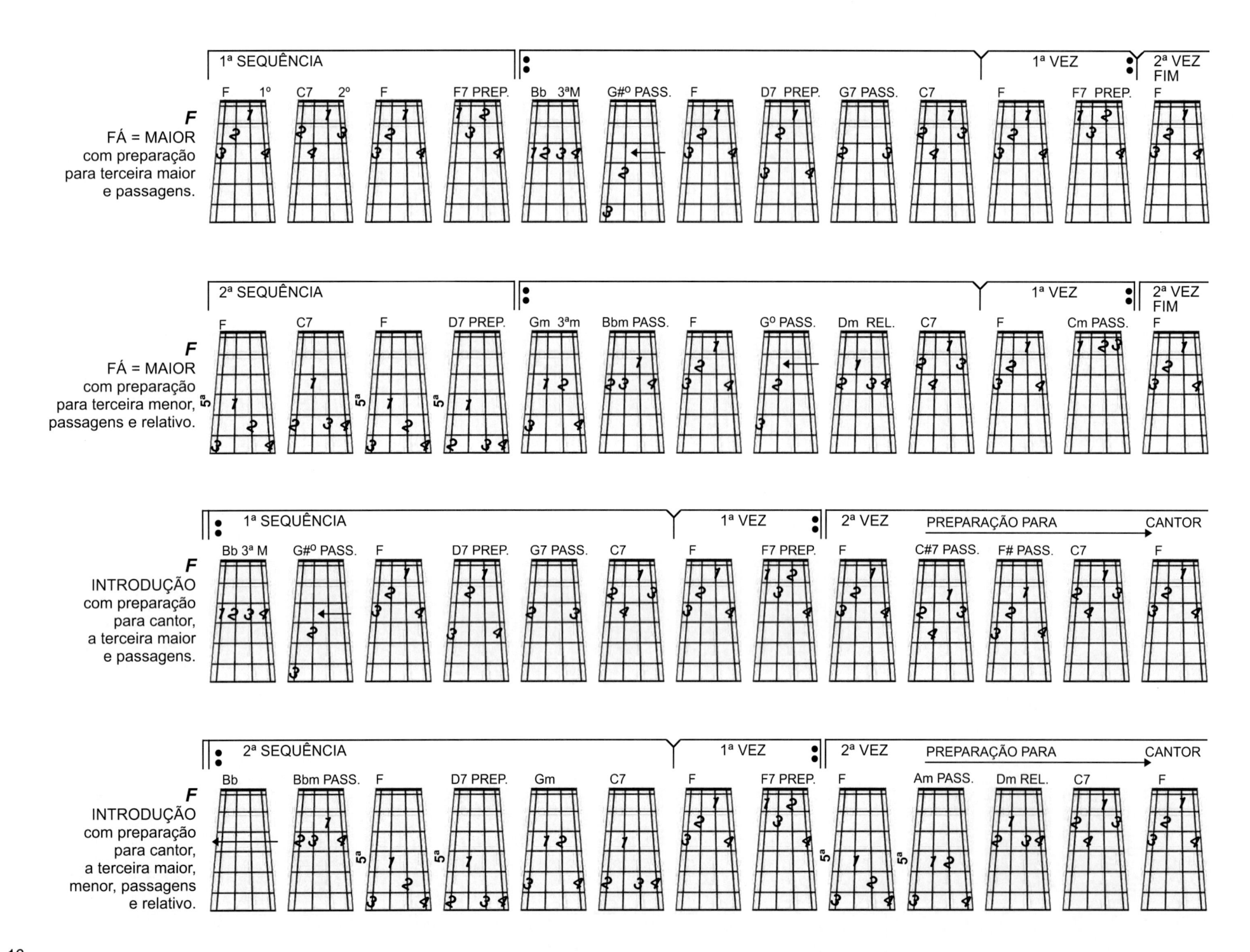

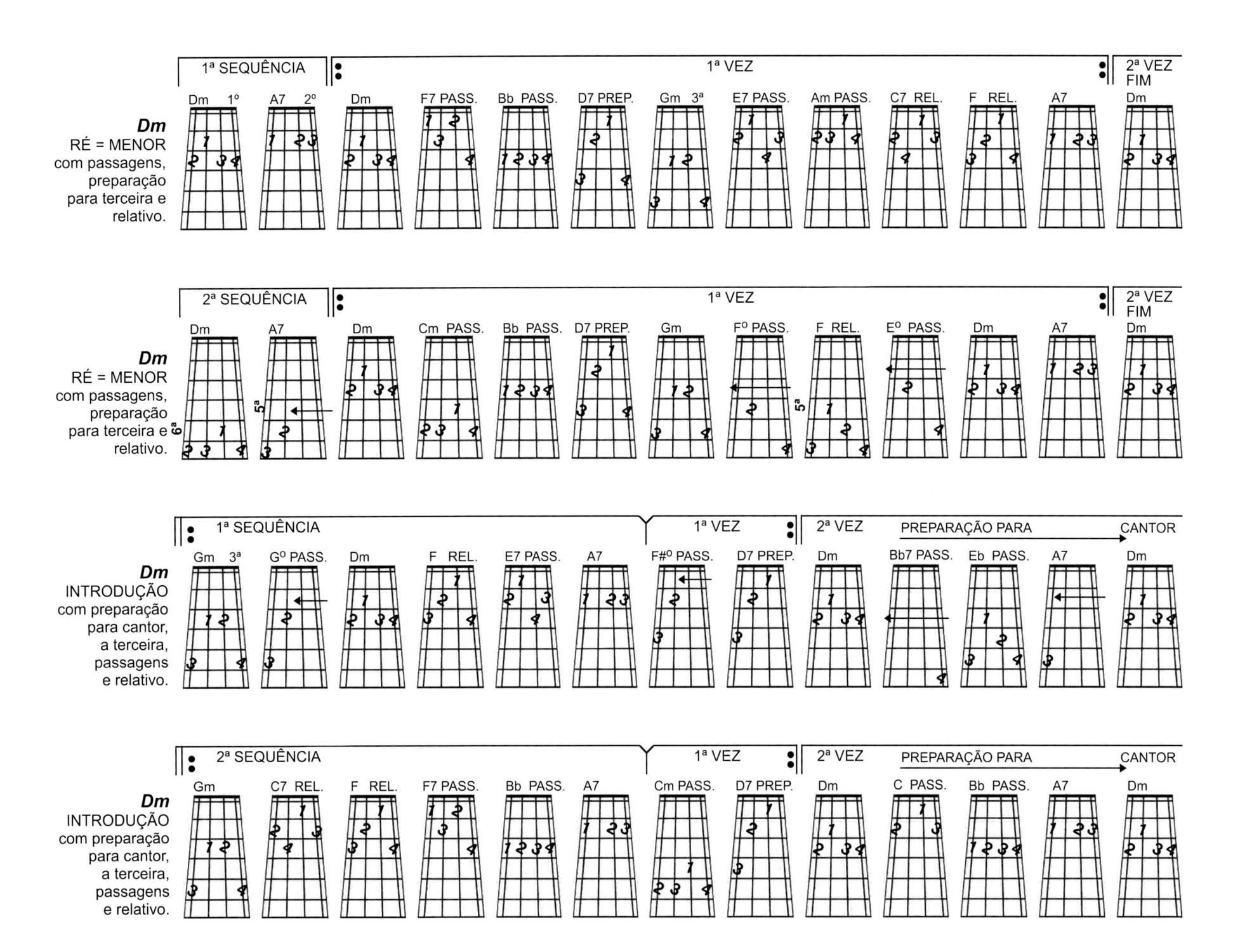

Dm
RÉ = MENOR
com passagens,
preparação
para terceira e
relativo.

1ª SEQUÊNCIA | **1ª VEZ** | **2ª VEZ FIM**

| Dm 1º | A7 2º | Dm | F7 PASS. | Bb PASS. | D7 PREP. | Gm 3ª | E7 PASS. | Am PASS. | C7 REL. | F REL. | A7 | Dm |

Dm
RÉ = MENOR
com passagens,
preparação
para terceira e
relativo.

2ª SEQUÊNCIA | **1ª VEZ** | **2ª VEZ FIM**

| Dm | A7 | Dm | Cm PASS. | Bb PASS. | D7 PREP. | Gm | Fº PASS. | F REL. | Eº PASS. | Dm | A7 | Dm |

Dm
INTRODUÇÃO
com preparação
para cantor,
a terceira,
passagens
e relativo.

1ª SEQUÊNCIA | **1ª VEZ** | **2ª VEZ** | **PREPARAÇÃO PARA** → **CANTOR**

| Gm 3ª | Gº PASS. | Dm | F REL. | E7 PASS. | A7 | F#º PASS. | D7 PREP. | Dm | Bb7 PASS. | Eb PASS. | A7 | Dm |

Dm
INTRODUÇÃO
com preparação
para cantor,
a terceira,
passagens
e relativo.

2ª SEQUÊNCIA | **1ª VEZ** | **2ª VEZ** | **PREPARAÇÃO PARA** → **CANTOR**

| Gm | C7 REL. | F REL. | F7 PASS. | Bb PASS. | A7 | Cm PASS. | D7 PREP. | Dm | C PASS. | Bb PASS. | A7 | Dm |

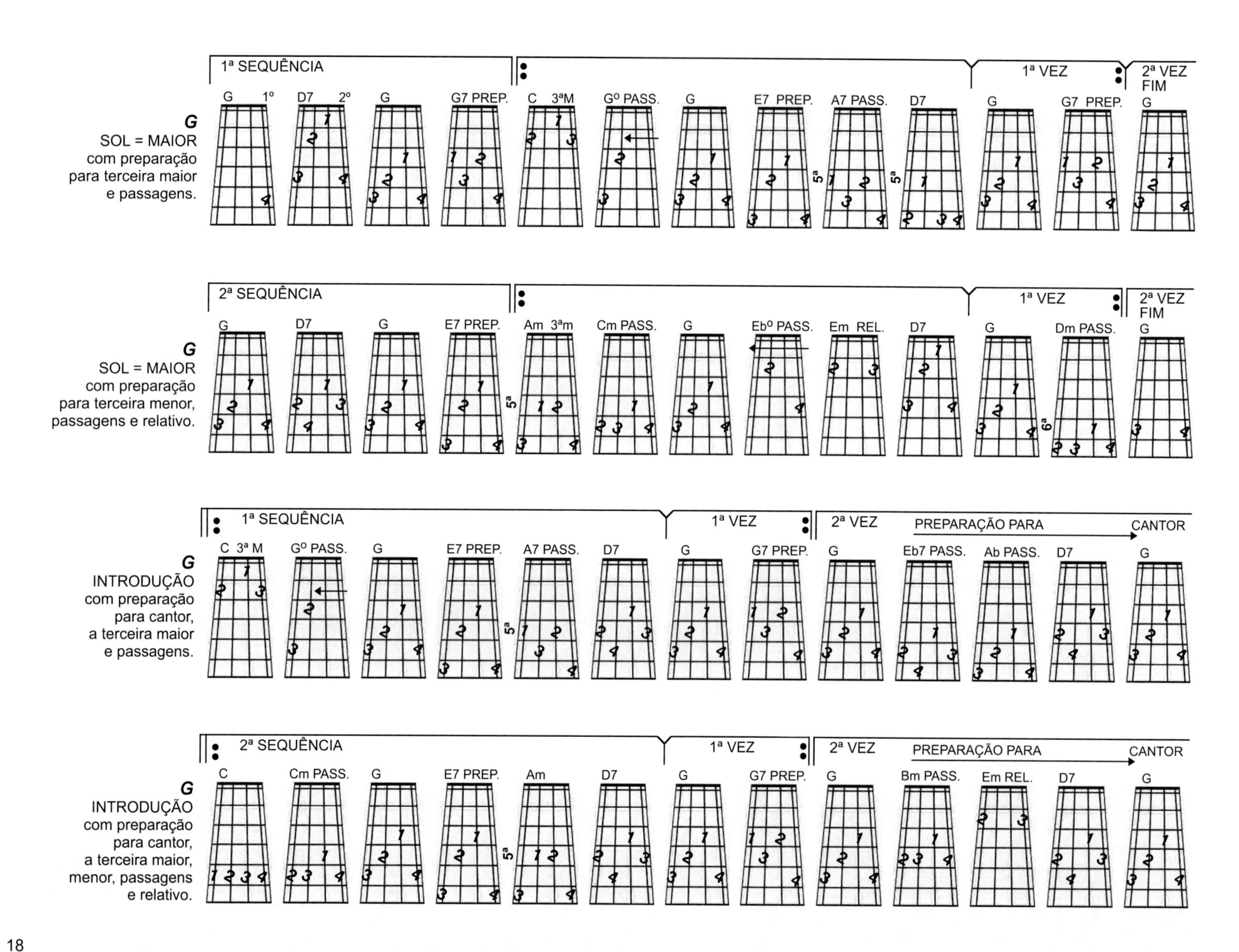

G
SOL = MAIOR com preparação para terceira maior e passagens.

1ª SEQUÊNCIA

| G 1º | D7 2º | G | G7 PREP. | C 3ªM | Gº PASS. | G | E7 PREP. | A7 PASS. | D7 | 1ª VEZ G | G7 PREP. | 2ª VEZ FIM G |

G
SOL = MAIOR com preparação para terceira menor, passagens e relativo.

2ª SEQUÊNCIA

| G | D7 | G | E7 PREP. | Am 3ªm | Cm PASS. | G | Ebº PASS. | Em REL. | D7 | 1ª VEZ G | Dm PASS. | 2ª VEZ FIM G |

G
INTRODUÇÃO com preparação para cantor, a terceira maior e passagens.

1ª SEQUÊNCIA

| C 3ªM | Gº PASS. | G | E7 PREP. | A7 PASS. | D7 | 1ª VEZ G | G7 PREP. | 2ª VEZ G | Eb7 PASS. | Ab PASS. | D7 | G |

PREPARAÇÃO PARA CANTOR

G
INTRODUÇÃO com preparação para cantor, a terceira maior, menor, passagens e relativo.

2ª SEQUÊNCIA

| C | Cm PASS. | G | E7 PREP. | Am | D7 | 1ª VEZ G | G7 PREP. | 2ª VEZ G | Bm PASS. | Em REL. | D7 | G |

PREPARAÇÃO PARA CANTOR

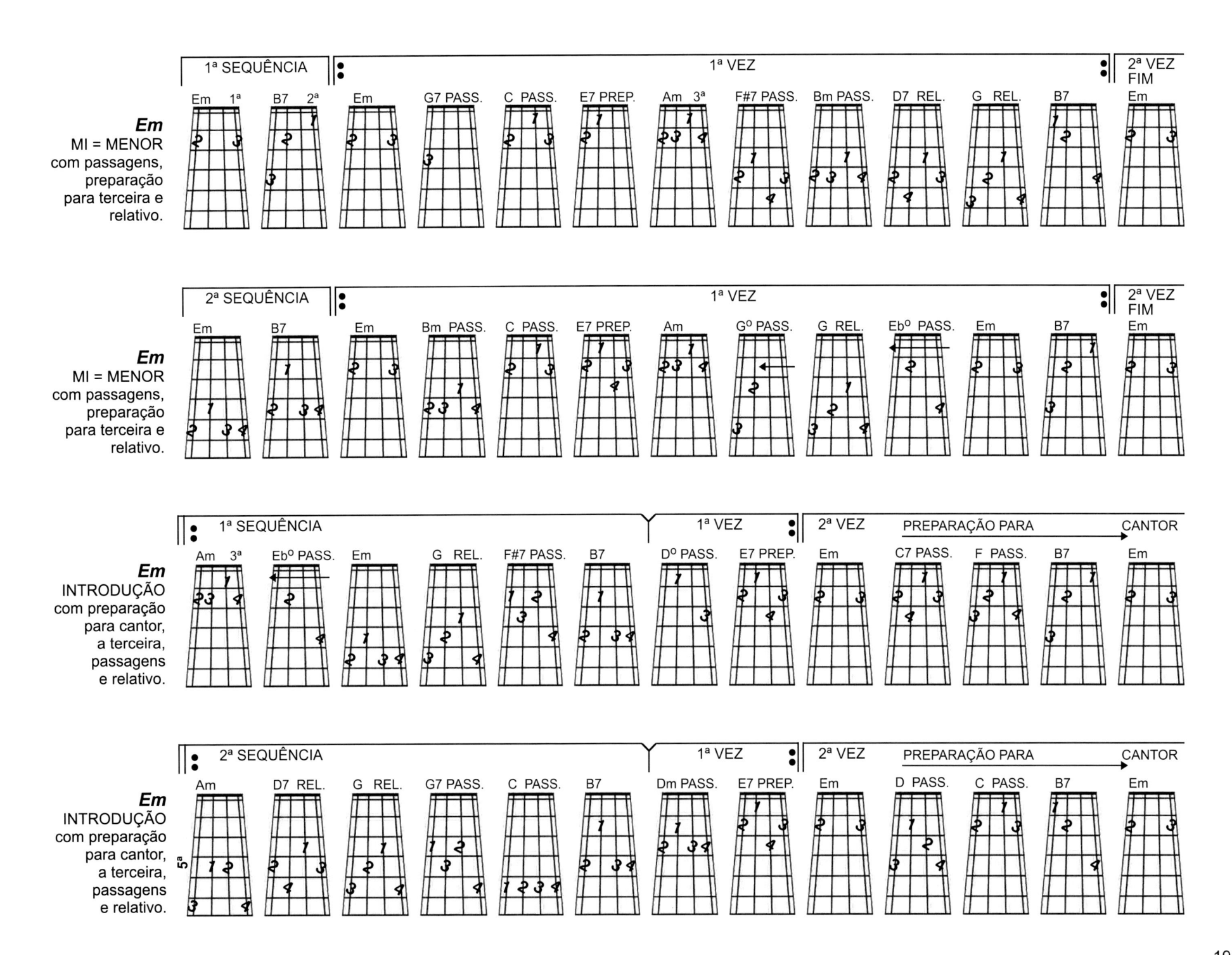

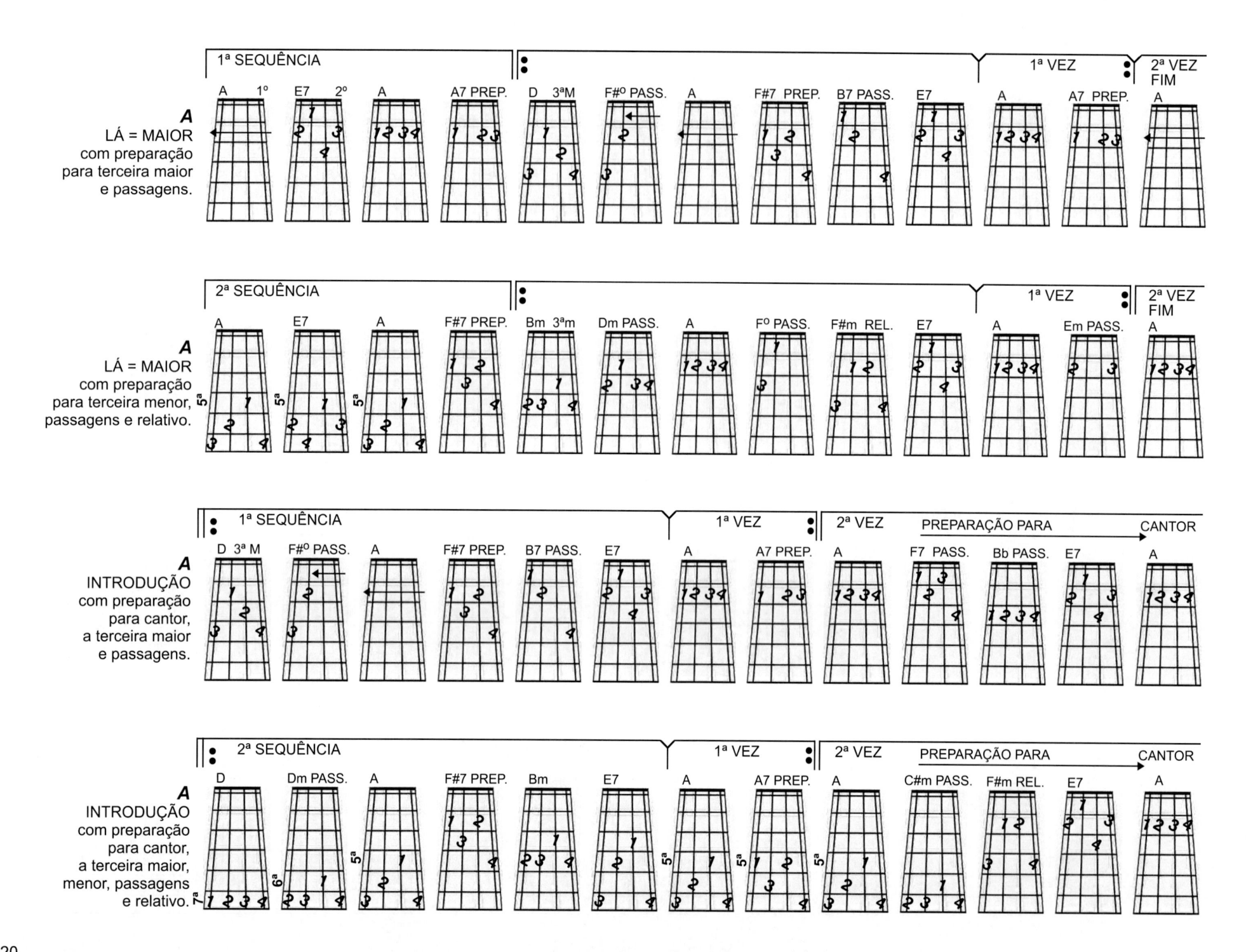

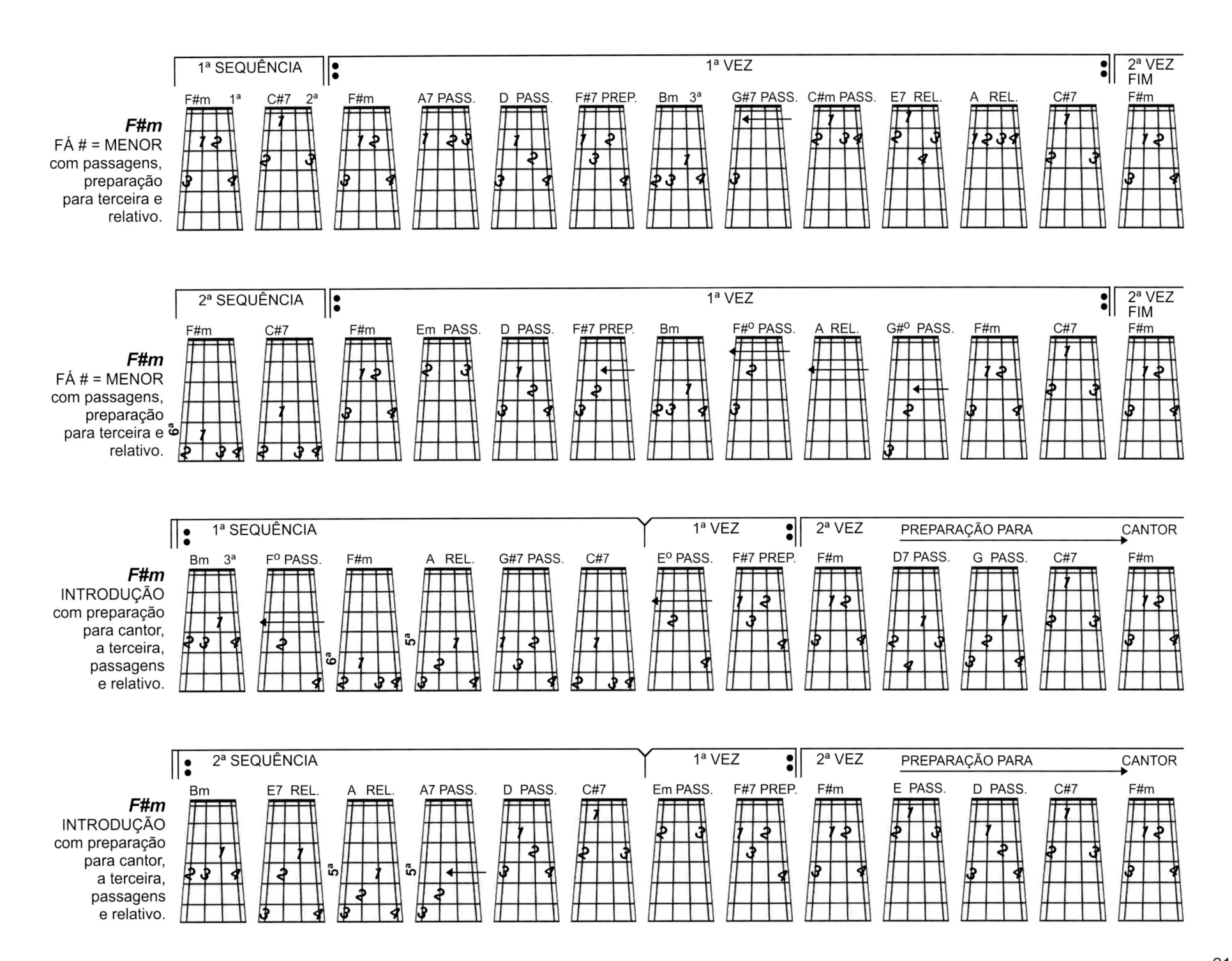

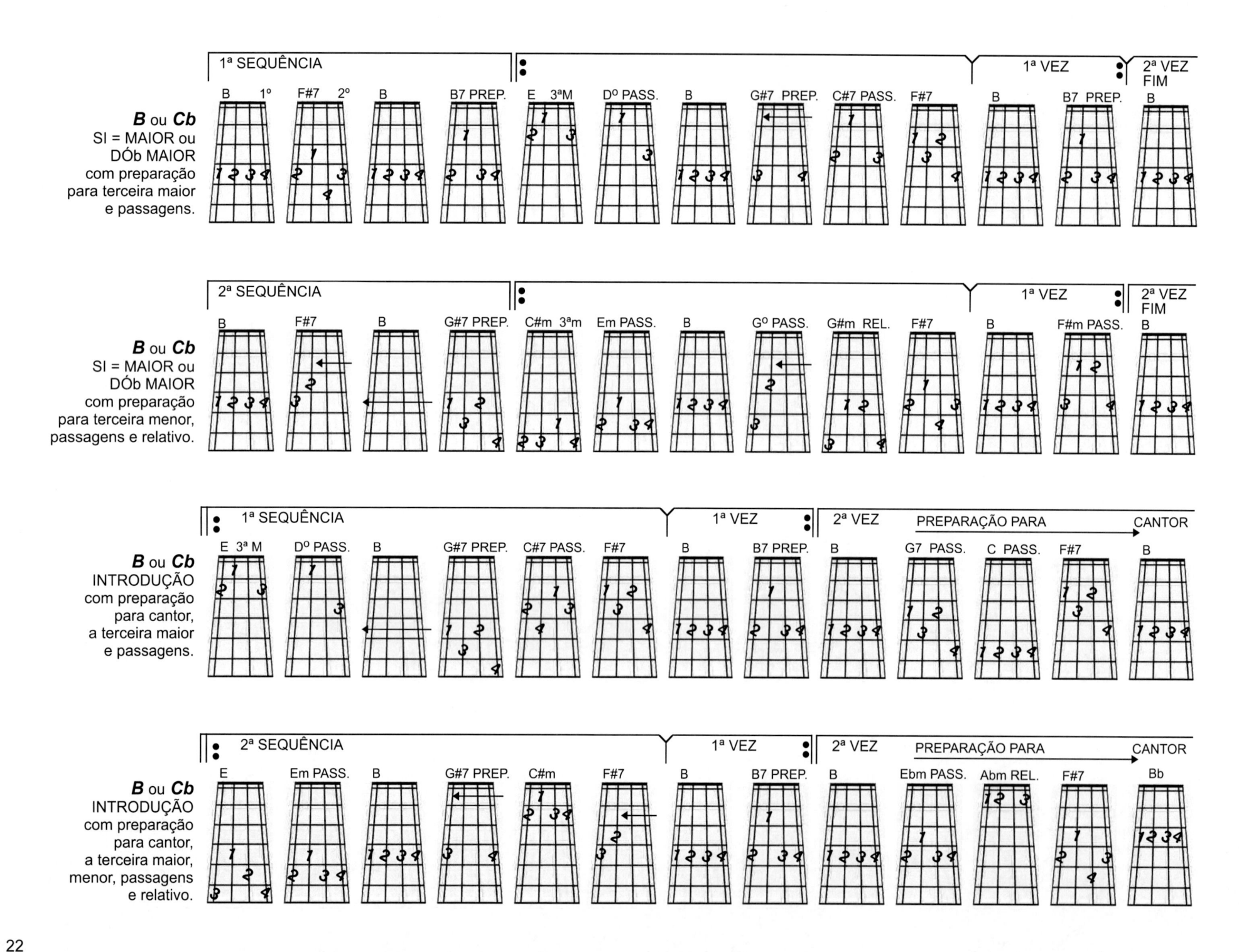

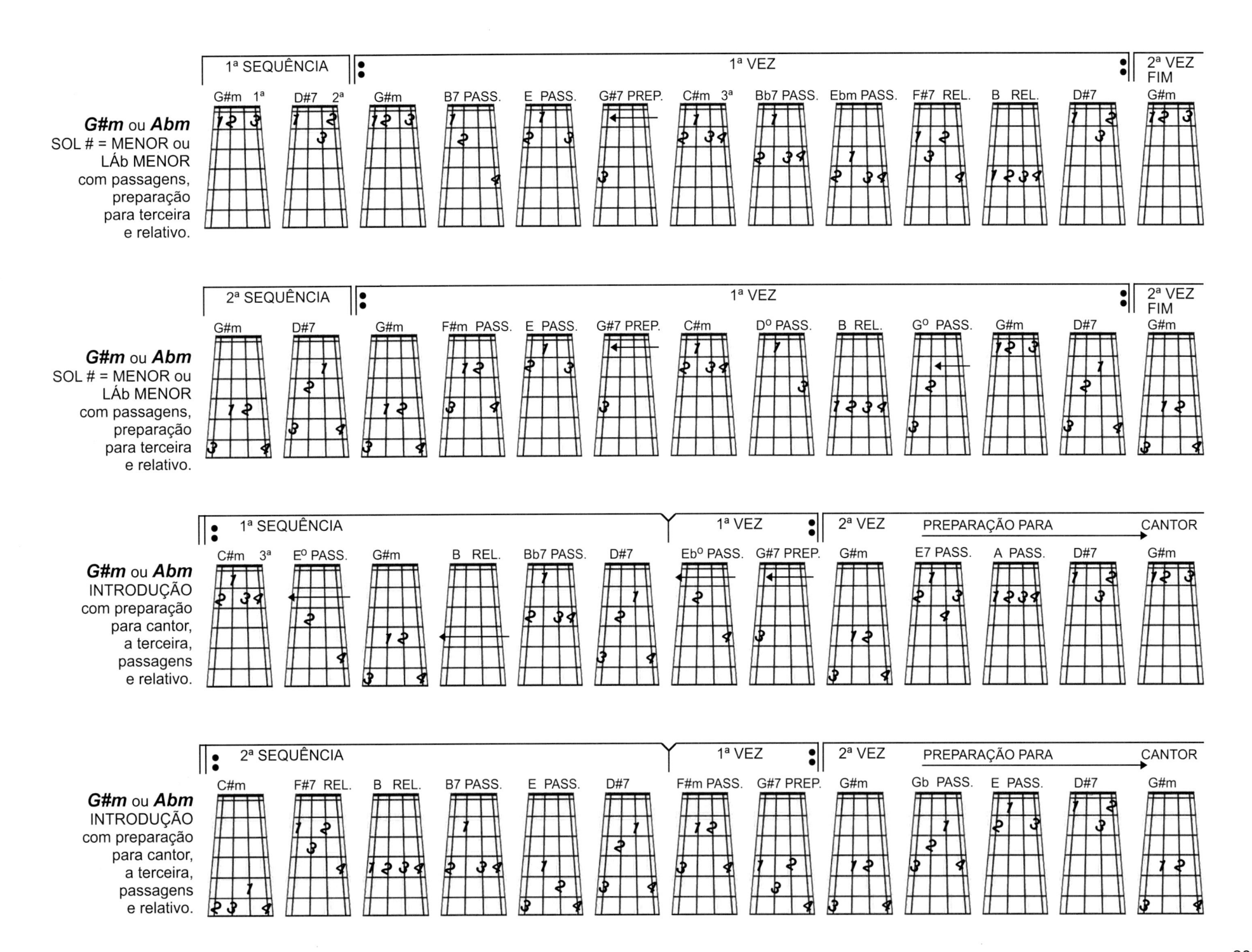

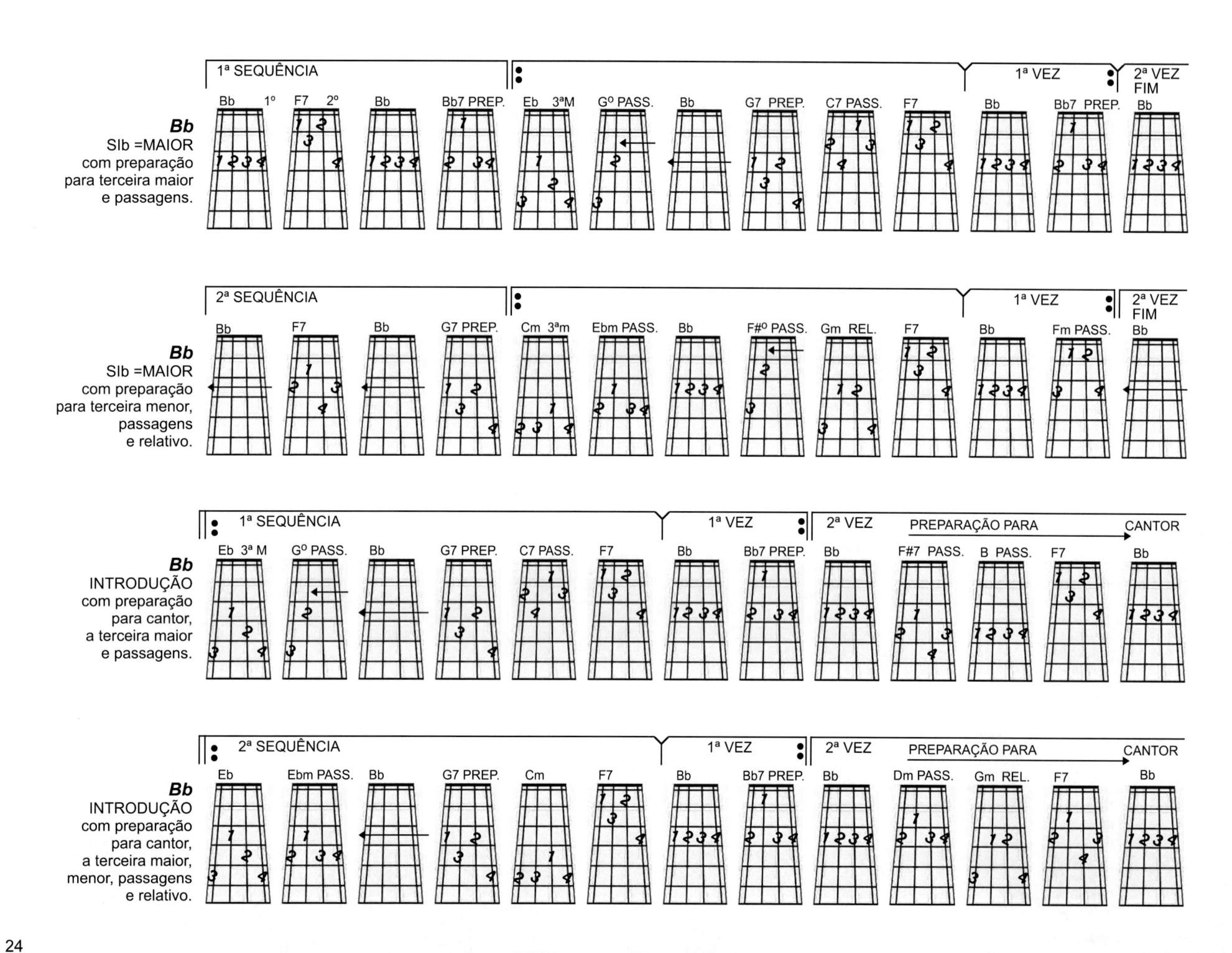

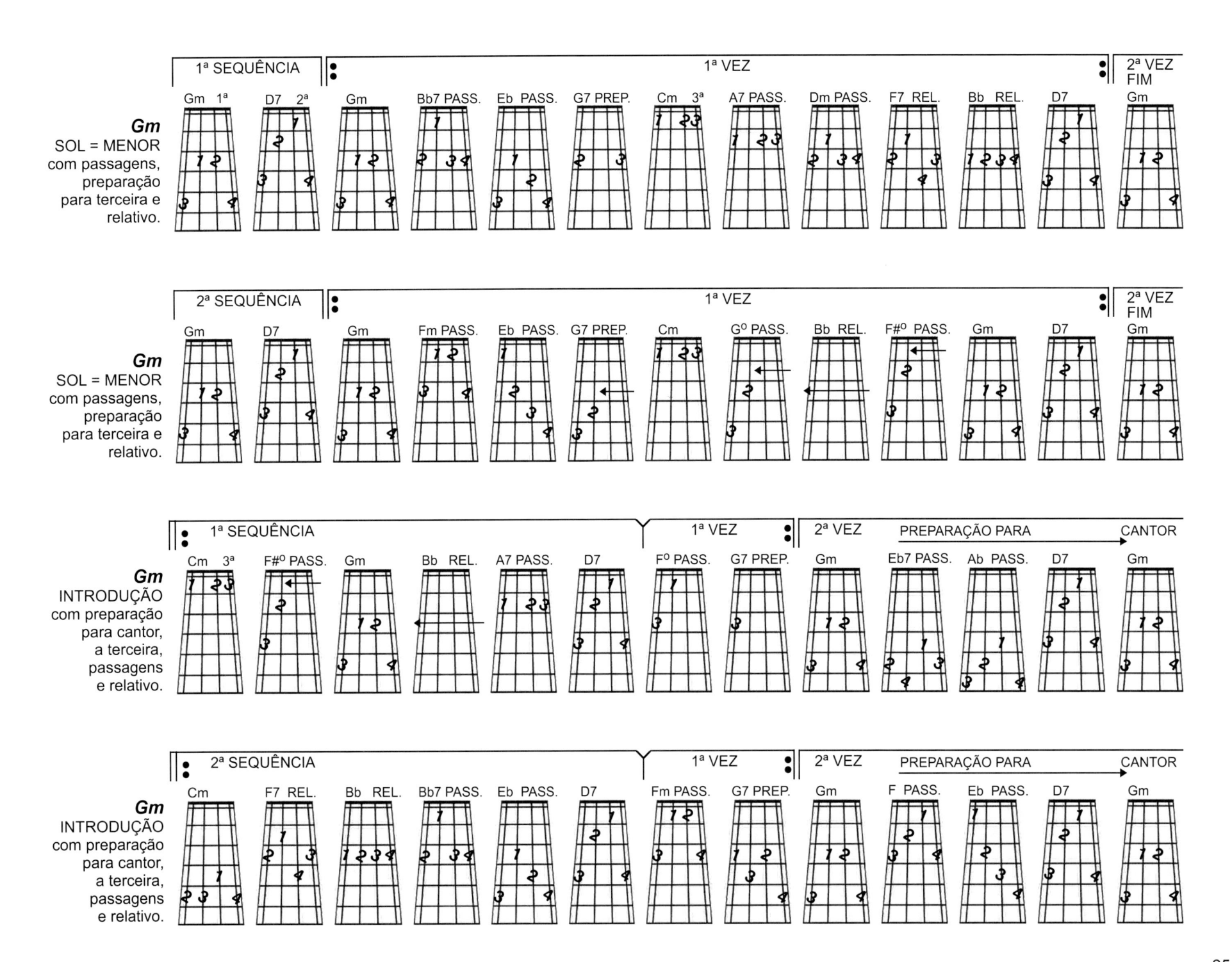

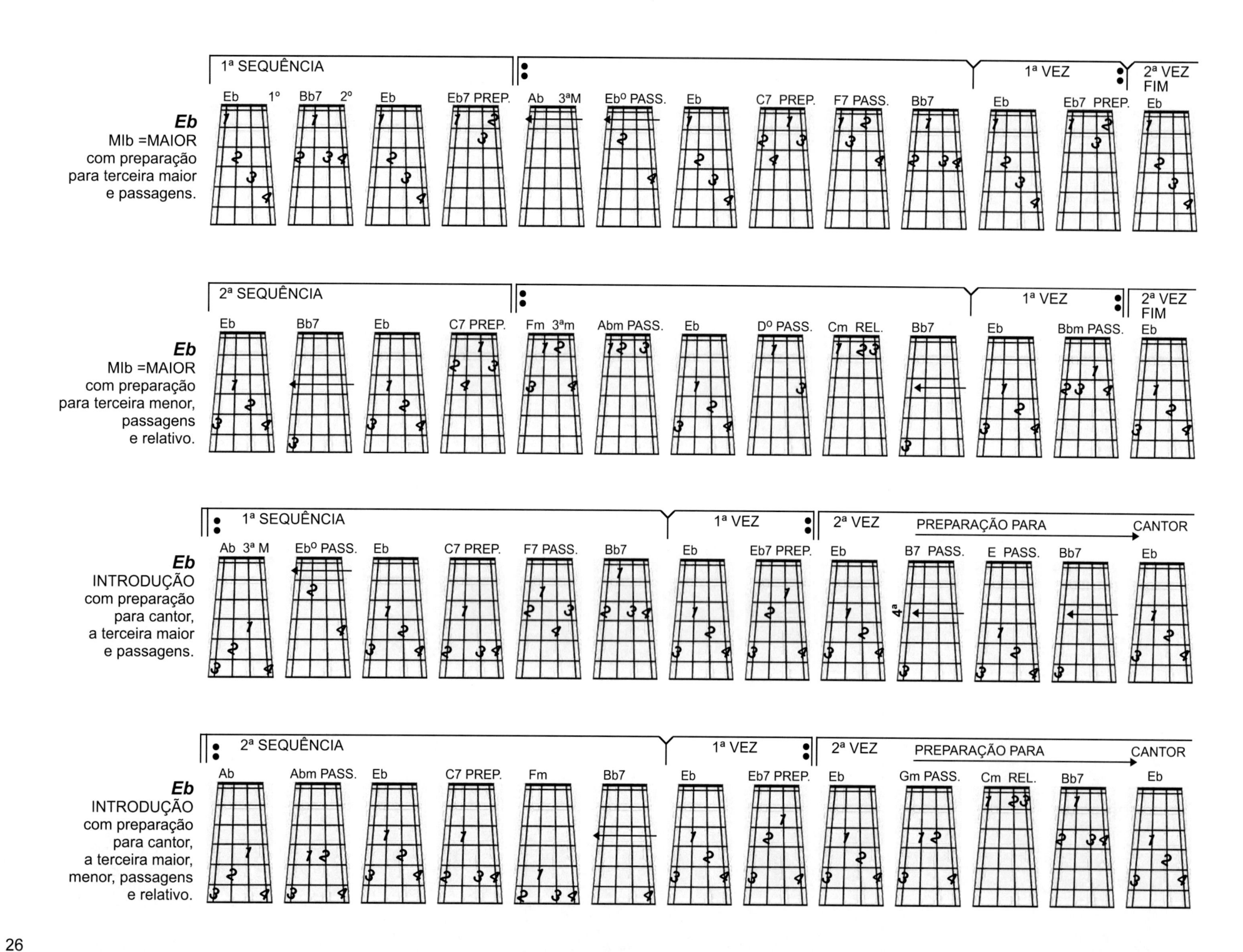

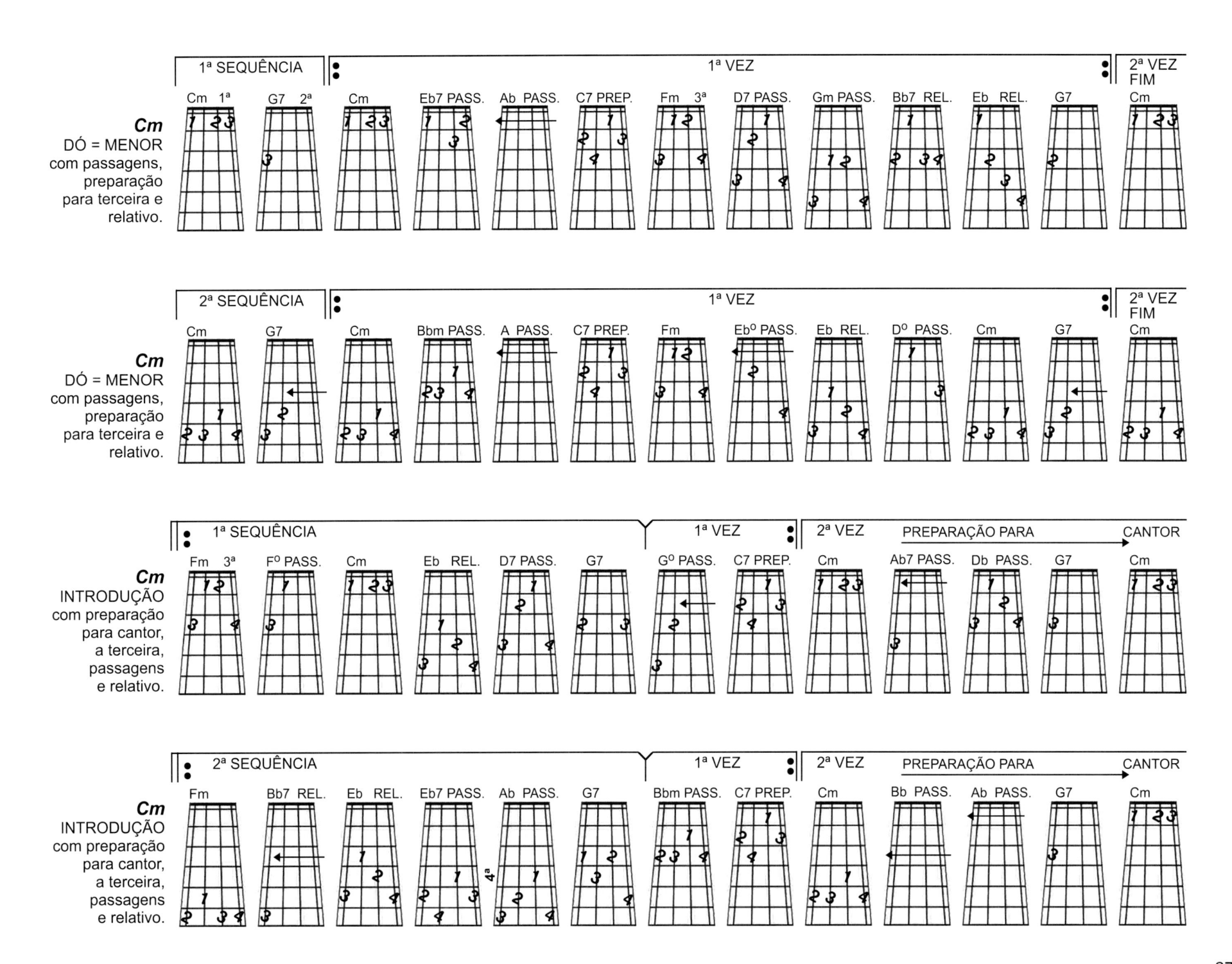

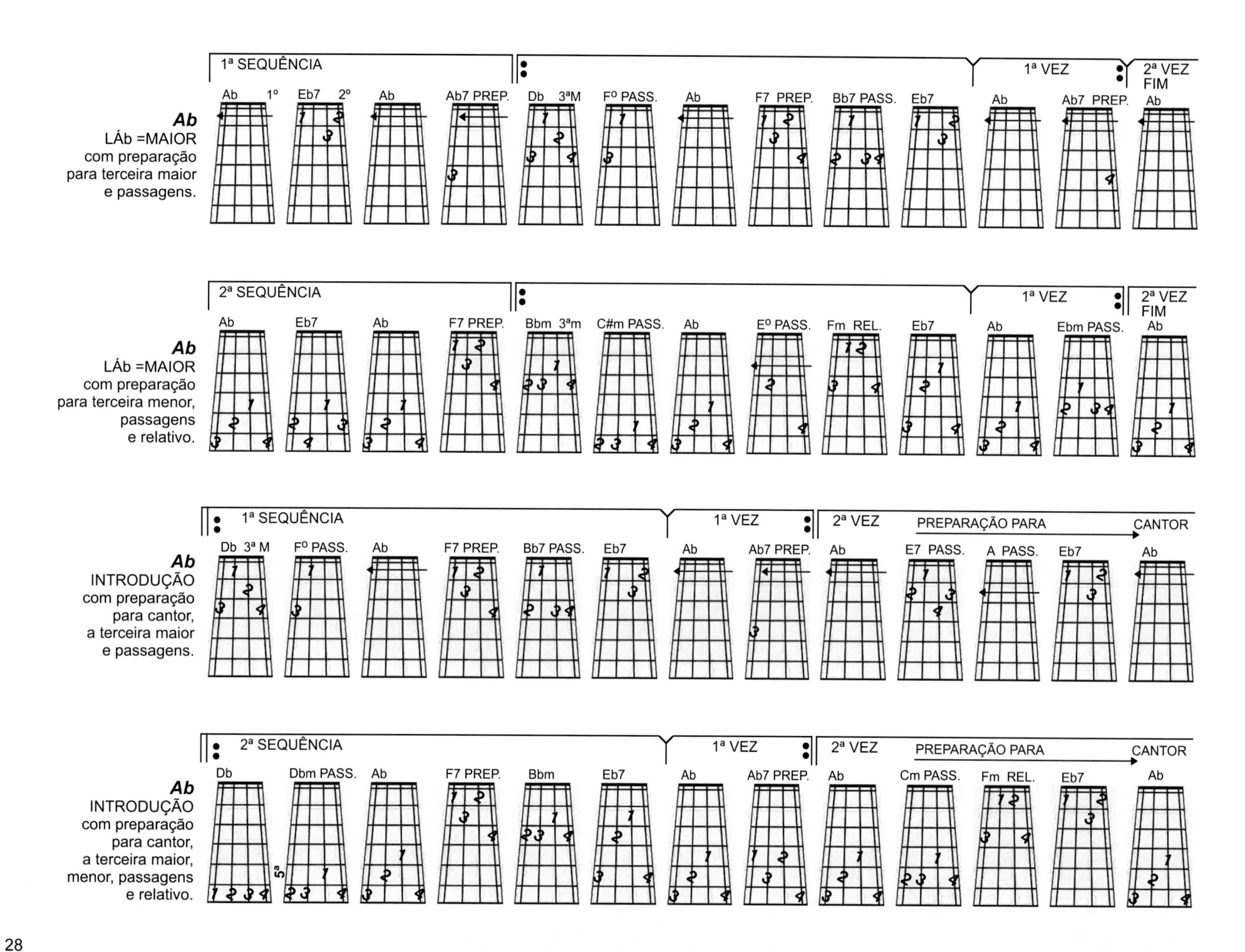

Ab
LÁb = MAIOR com preparação para terceira maior e passagens.

1ª SEQUÊNCIA: Ab 1º | Eb7 2º | Ab | Ab7 PREP. | Db 3ªM | F° PASS. | Ab | F7 PREP. | Bb7 PASS. | Eb7 | **1ª VEZ**: Ab | Ab7 PREP. | **2ª VEZ FIM**: Ab

Ab
LÁb = MAIOR com preparação para terceira menor, passagens e relativo.

2ª SEQUÊNCIA: Ab | Eb7 | Ab | F7 PREP. | Bbm 3ªm | C#m PASS. | Ab | E° PASS. | Fm REL. | Eb7 | **1ª VEZ**: Ab | Ebm PASS. | **2ª VEZ FIM**: Ab

Ab
INTRODUÇÃO com preparação para cantor, a terceira maior e passagens.

1ª SEQUÊNCIA: Db 3ªM | F° PASS. | Ab | F7 PREP. | Bb7 PASS. | Eb7 | **1ª VEZ**: Ab | Ab7 PREP. | **2ª VEZ — PREPARAÇÃO PARA CANTOR**: Ab | E7 PASS. | A PASS. | Eb7 | Ab

Ab
INTRODUÇÃO com preparação para cantor, a terceira maior, menor, passagens e relativo.

2ª SEQUÊNCIA: Db | Dbm PASS. | Ab | F7 PREP. | Bbm | Eb7 | **1ª VEZ**: Ab | Ab7 PREP. | **2ª VEZ — PREPARAÇÃO PARA CANTOR**: Ab | Cm PASS. | Fm REL. | Eb7 | Ab

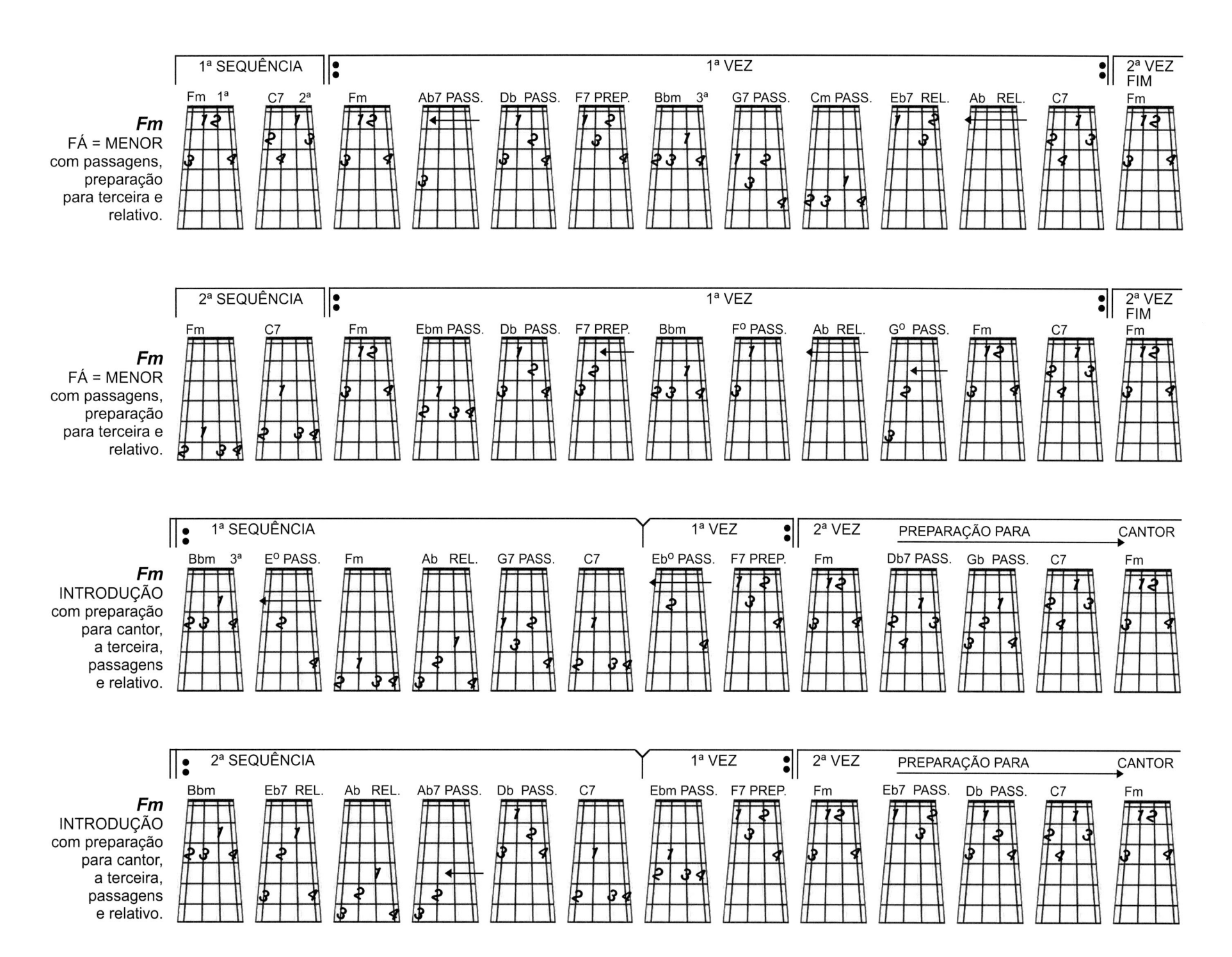

Fm

Fm — FÁ = MENOR com passagens, preparação para terceira e relativo.

1ª SEQUÊNCIA | **1ª VEZ** | **2ª VEZ FIM**

Fm 1ª | C7 2ª | Fm | Ab7 PASS. | Db PASS. | F7 PREP. | Bbm 3ª | G7 PASS. | Cm PASS. | Eb7 REL. | Ab REL. | C7 | Fm

2ª SEQUÊNCIA | **1ª VEZ** | **2ª VEZ FIM**

Fm | C7 | Fm | Ebm PASS. | Db PASS. | F7 PREP. | Bbm | F° PASS. | Ab REL. | G° PASS. | Fm | C7 | Fm

Fm — INTRODUÇÃO com preparação para cantor, a terceira, passagens e relativo.

1ª SEQUÊNCIA | **1ª VEZ** | **2ª VEZ** | **PREPARAÇÃO PARA CANTOR**

Bbm 3ª | E° PASS. | Fm | Ab REL. | G7 PASS. | C7 | Eb° PASS. | F7 PREP. | Fm | Db7 PASS. | Gb PASS. | C7 | Fm

2ª SEQUÊNCIA | **1ª VEZ** | **2ª VEZ** | **PREPARAÇÃO PARA CANTOR**

Bbm | Eb7 REL. | Ab REL. | Ab7 PASS. | Db PASS. | C7 | Ebm PASS. | F7 PREP. | Fm | Eb7 PASS. | Db PASS. | C7 | Fm

Db ou C#

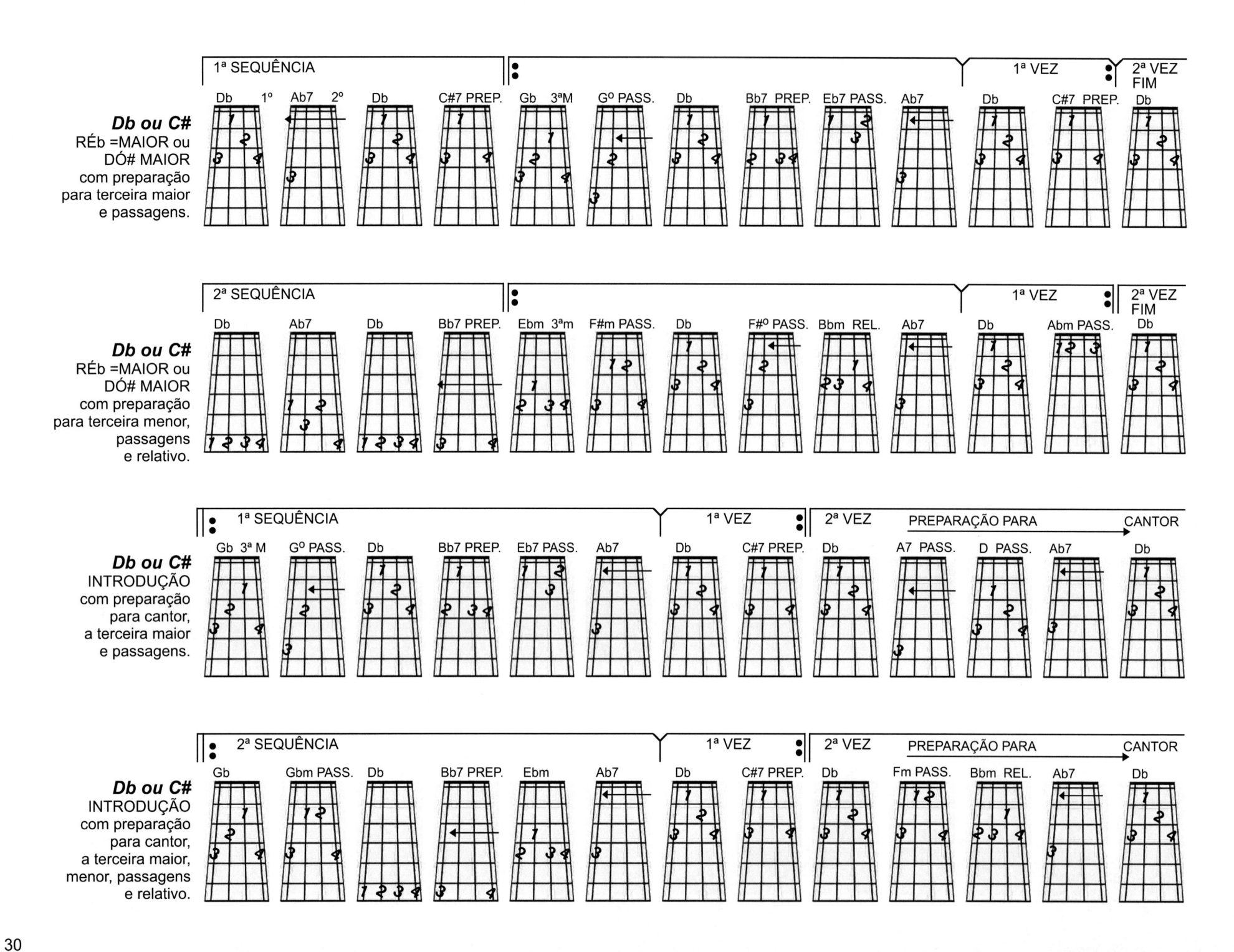

Db ou C#
RÉb =MAIOR ou DÓ# MAIOR com preparação para terceira maior e passagens.

1ª SEQUÊNCIA | | | | | | | | | **1ª VEZ** | **2ª VEZ FIM**
Db 1º | Ab7 2º | Db | C#7 PREP. | Gb 3ªM | G° PASS. | Db | Bb7 PREP. | Eb7 PASS. | Ab7 | Db | C#7 PREP. | Db

Db ou C#
RÉb =MAIOR ou DÓ# MAIOR com preparação para terceira menor, passagens e relativo.

2ª SEQUÊNCIA | | | | | | | | | **1ª VEZ** | **2ª VEZ FIM**
Db | Ab7 | Db | Bb7 PREP. | Ebm 3ªm | F#m PASS. | Db | F#° PASS. | Bbm REL. | Ab7 | Db | Abm PASS. | Db

Db ou C#
INTRODUÇÃO com preparação para cantor, a terceira maior e passagens.

1ª SEQUÊNCIA | | | | | | **1ª VEZ** | **2ª VEZ** | **PREPARAÇÃO PARA CANTOR**
Gb 3ª M | G° PASS. | Db | Bb7 PREP. | Eb7 PASS. | Ab7 | Db | C#7 PREP. | Db | A7 PASS. | D PASS. | Ab7 | Db

Db ou C#
INTRODUÇÃO com preparação para cantor, a terceira maior, menor, passagens e relativo.

2ª SEQUÊNCIA | | | | | | **1ª VEZ** | **2ª VEZ** | **PREPARAÇÃO PARA CANTOR**
Gb | Gbm PASS. | Db | Bb7 PREP. | Ebm | Ab7 | Db | C#7 PREP. | Db | Fm PASS. | Bbm REL. | Ab7 | Db

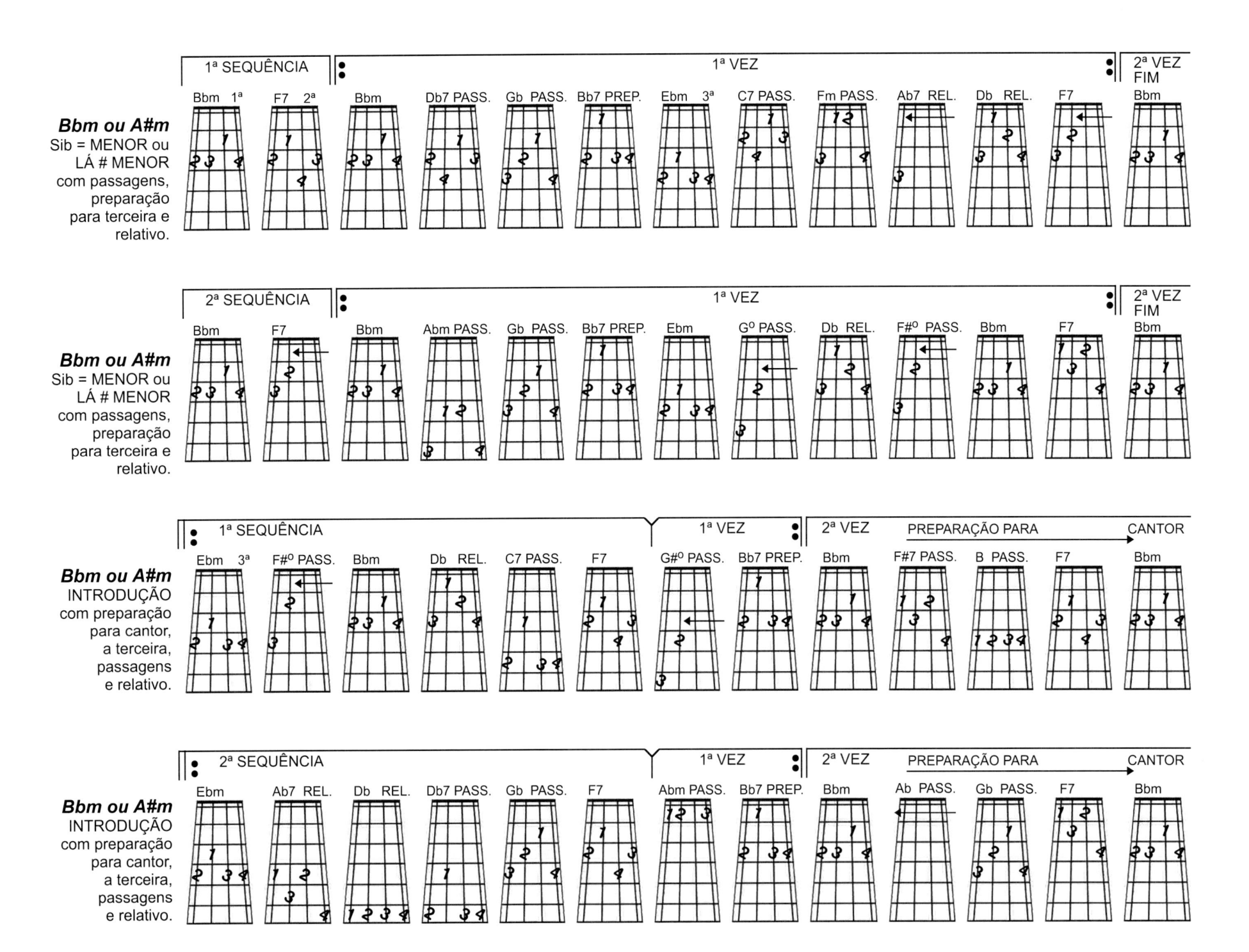

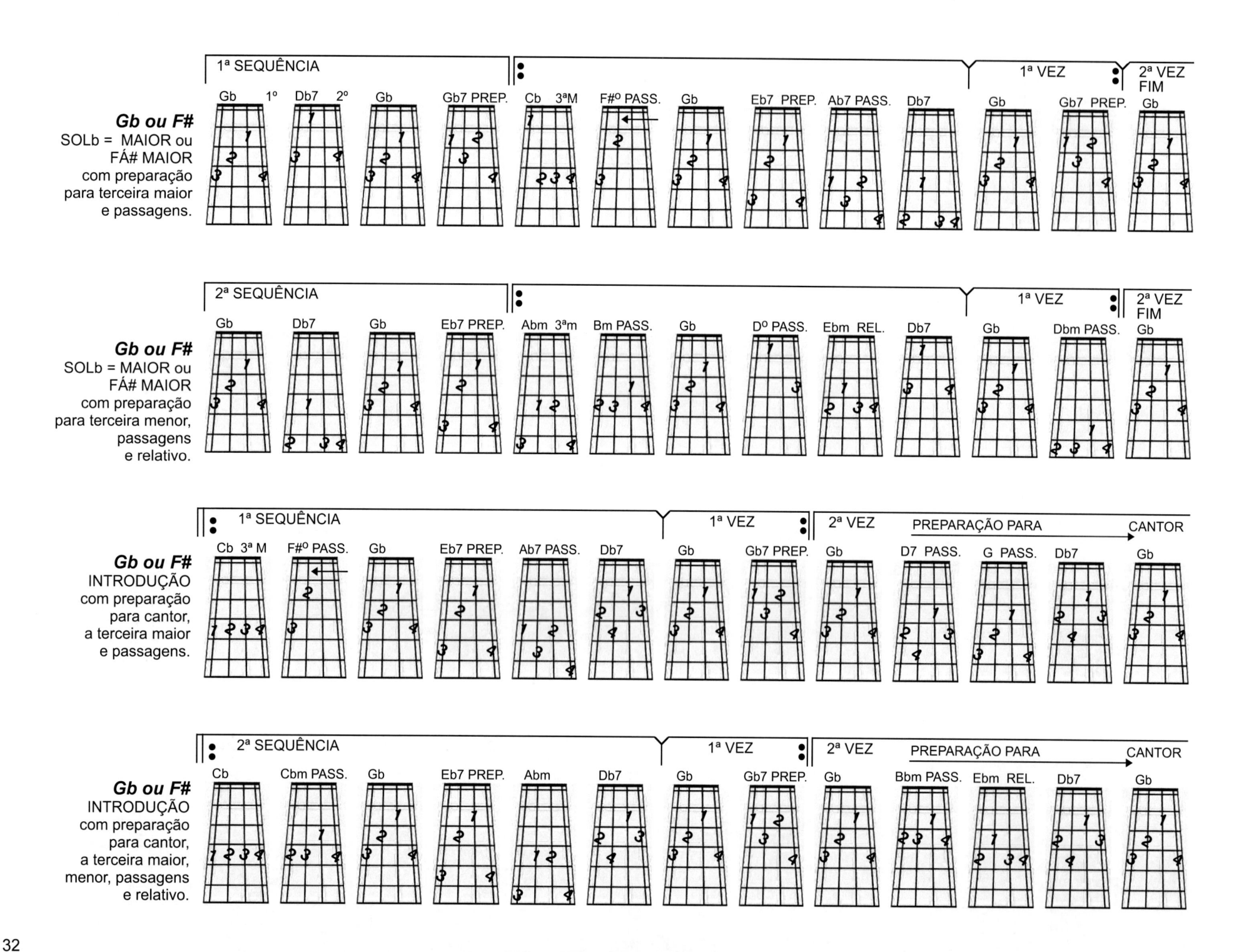

Ebm ou D#m

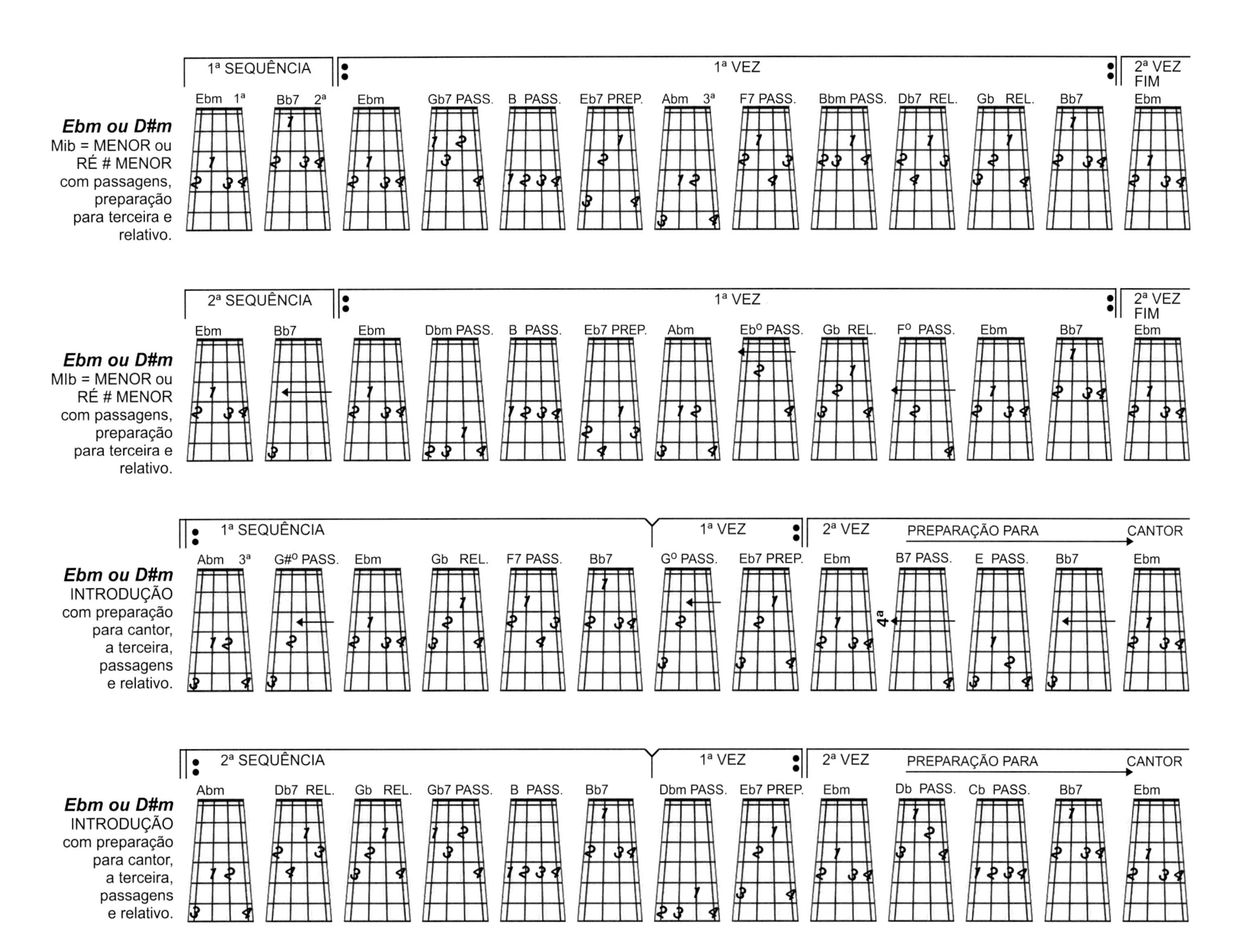

Ebm ou D#m
Mib = MENOR ou
RÉ # MENOR
com passagens,
preparação
para terceira e
relativo.

1ª SEQUÊNCIA — 1ª VEZ — 2ª VEZ FIM

Ebm 1ª | Bb7 2ª | Ebm | Gb7 PASS. | B PASS. | Eb7 PREP. | Abm 3ª | F7 PASS. | Bbm PASS. | Db7 REL. | Gb REL. | Bb7 | Ebm

---

Ebm ou D#m
Mib = MENOR ou
RÉ # MENOR
com passagens,
preparação
para terceira e
relativo.

2ª SEQUÊNCIA — 1ª VEZ — 2ª VEZ FIM

Ebm | Bb7 | Ebm | Dbm PASS. | B PASS. | Eb7 PREP. | Abm | Eb° PASS. | Gb REL. | F° PASS. | Ebm | Bb7 | Ebm

---

Ebm ou D#m
INTRODUÇÃO
com preparação
para cantor,
a terceira,
passagens
e relativo.

1ª SEQUÊNCIA — 1ª VEZ — 2ª VEZ — PREPARAÇÃO PARA CANTOR

Abm 3ª | G#° PASS. | Ebm | Gb REL. | F7 PASS. | Bb7 | G° PASS. | Eb7 PREP. | Ebm | B7 PASS. | E PASS. | Bb7 | Ebm

---

Ebm ou D#m
INTRODUÇÃO
com preparação
para cantor,
a terceira,
passagens
e relativo.

2ª SEQUÊNCIA — 1ª VEZ — 2ª VEZ — PREPARAÇÃO PARA CANTOR

Abm | Db7 REL. | Gb REL. | Gb7 PASS. | B PASS. | Bb7 | Dbm PASS. | Eb7 PREP. | Ebm | Db PASS. | Cb PASS. | Bb7 | Ebm

33

NERVOS DE AÇO

De: Lupicinio Rodrigues
Tom: Bb e G   PAG - 20 e 21
Introdução da 1ª ou 2ª sequência c/ preparação para cantor, sinal de repetição e pulo, do 𝄋 2º ao 𝄋 1º até o 1º ⊕ e pular para o 2º ⊕ para terminar.

𝄋

```
     Bb              F7
Você sabe o que é ter um amor,

meu senhor?
```

```
    Cm      F7        Bb
Ter loucura por uma mulher
           G°        Cm
E depois encontrar esse amor,

meu senhor?
       F7              Bb   F7
Ao lado de um outro qualquer?
     Bb                F7
Você sabe o que é ter um amor,

meu senhor?
     Eb      D7    Gm   Bb7
E por ele quase morrer
```

```
     Eb        G°         Bb
E depois encontrar em um braço
         C7      F7     Bb  D7
Que nem um pedaço do meu pode ser?
     Gm              D7
Há pessoas de nervos de aço
         F°      G7       Cm
Sem sangue nas veias e sem coração
              D7              Gm
Mas não sei se passando o que eu passo
     Gm7     A         A7      D7
Talvez não lhes venha qualquer reação
     Gm                  D7
Eu não sei se o que eu trago no peito
```

```
         F°         G7           Cm
É ciúme, despeito, amizade ou horror
              D7             Gm
Eu só sinto que quando a vejo
     Gm7     A7       D7      Gm  F7
Me dá um desejo de morte ou de dor
```

Ao 𝄋 até ⊕ p/ fim.

Terminar a vontade

```
     Cm       D7         Gm
Eu só sinto que quando a vejo
     Gm7    A7    D7    Gm Cm Gm
Me dá um desejo de morte ou de dor
```

Copyright © 1947 by IRMÃOS VITALE S/A Ind. e Com.

NERVOS DE AÇO
Posições usadas nesta melodia

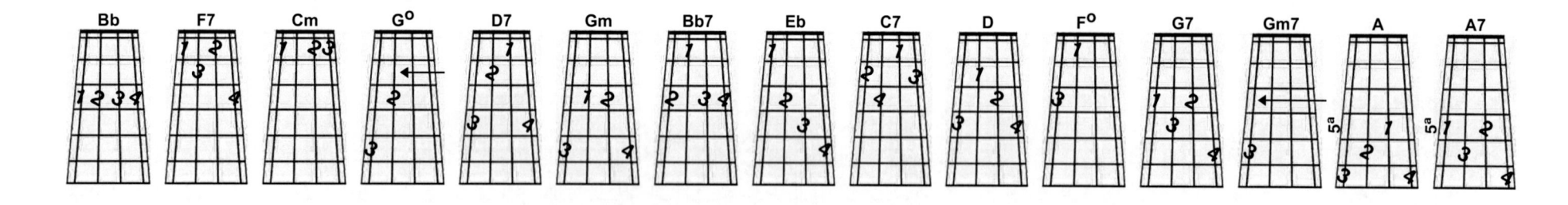

Bb — F7 — Cm — G° — D7 — Gm — Bb7 — Eb — C7 — D — F° — G7 — Gm7 — A — A7

OBSERVAÇÃO
As introduções com preparações para o cantor, nas melodias cifradas nos seus tons, estão entre as páginas 6 à 29.

BOM DIA TRISTEZA
De: Adoniran Barbosa e Vinícius de Moraes
Tom: D   PAG - 13

Introdução da 1ª ou 2ª sequência c/ preparação para cantor, sinal de repetição e pulo, do 𝄋 2º ao 𝄋 1º até o 1º ⊕ e pular para o 2º ⊕ para terminar.

𝄋

    A7   Dm A7
Bom dia tristeza

        Dm
Que tarde tristeza
        A7
Você veio hoje me ver

Já estava ficando

Até meio triste

De estar tanto tempo
      Dm Gm Dm
Longe de você

  D7   Gm Gm7 C7
Se chegue tristeza
      F
Se sente comigo
  Bb7   A7 D7
Aqui nessa mesa de bar
      Gm
Beba do meu copo
    A7   Dm
Me dê o seu ombro
    E7   A7 ⊕
Que é para eu chorar

Chorar de tristeza
      Dm Gm Dm
Tristeza de amar.

Ao 𝄋 até ⊕ p/ fim.

Terminar a vontade ⊕

Chorar de tristeza
      Dm Gm Dm
Tristeza de amar.

Copyright © 1957 by Fermata do Brasil / Editora Musical Arapuã Ltda.

NAO DEIXE O SAMBA MORRER
De: Edson e Aloísio
Tom: Gm   PAG - 21

Introdução da 1ª ou 2ª sequência c/ preparação para cantor, sinal de repetição e pulo, do 𝄋 2º ao 𝄋 1º até o 1º ⊕ e pular para o 2º ⊕ para terminar.

𝄋

[BIS]
  Gm   Cm
Não deixe o samba morrer
    D7   Gm
Não deixe o samba acabar

[
     D7
O morro foi feito de samba
     Gm
De samba pra gente sambar
]
    Gm
Quando eu não puder pisar
  G7   Cm
Mais na avenida
     D7
Quando as minhas pernas
     Gm
Não puderem agüentar
    Cm
Levar meu corpo

  F7   Bb
Junto com meu samba

O meu anel de bamba
    D7   Gm
Entrego a quem mereça usar
  Cm
Eu vou ficar
  F7   Bb
No meio do povo espiando
   Gm   Cm
Minha escola perdendo ou ganhando
  F7   Bb G7
Mais um carnaval

[BIS]
  Cm
Antes de me despedir
  D7   Gm
Deixo ao sambista mais novo
  Eb   D7   Gm
O meu pedido final ⊕

Ao 𝄋 até ⊕ p/ fim.

Terminar a vontade ⊕

  Gm   Cm
Não deixe o samba morrer
    D7   Gm
Não deixe o samba acabar...

Copyright © 1975 by IRMÃOS VITALE S/A Ind. e Com.

BOM DIA TRISTEZA
Posições usadas nesta melodia

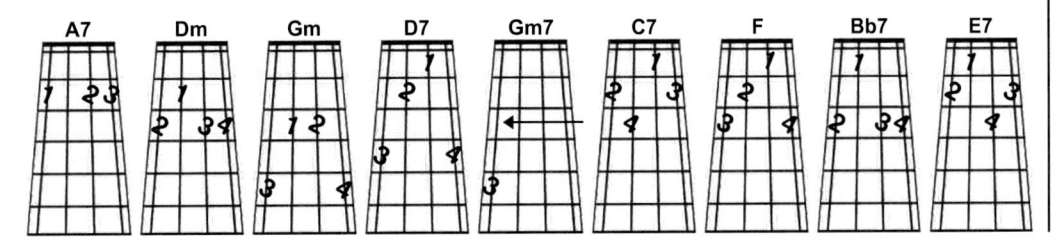

A7   Dm   Gm   D7   Gm7   C7   F   Bb7   E7

NÃO DEIXE O SAMBA MORRER
Posições usadas nesta melodia

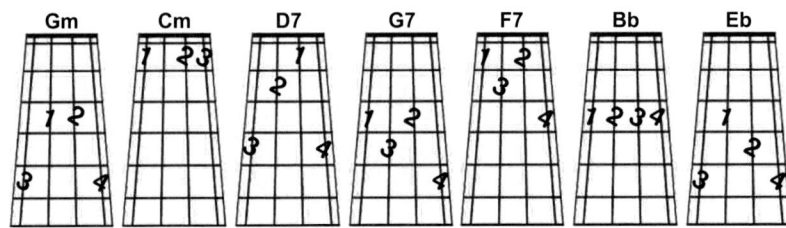

Gm   Cm   D7   G7   F7   Bb   Eb

SAMBA DO "ARNESTO"
De: Adoniran Barbosa e Alocin
Tom: F   PAG - 12
Introdução da 1ª ou 2ª sequência c/ preparação para cantor, sinal de repetição e pulo, do 𝄋 2º ao 𝄋 1º até o 1º ⊕ e pular para o 2º ⊕ para terminar.

𝄋
```
  F
| O Arnesto
|   Fº  C7     F
| Nos convidô pra um samba
```

```
  C7          F
| Ele mora no Brás
|              D7        Gm  D7
| Nóis fumo e não encontremos ninguém
|   Gm           C7           F
| Nóis vortemo com uma baita duma reiva
|  G7(9)  C7            F
| Da outra   veiz nóis num vai mais   ⊕
```

(Brék: Nóis não semo tatú)
```
   C7
No ôtro dia
```

```
           F
Encontremos co o Arnesto
      Gm
Que pediu descurpas
  C7
Mas nóis num aceitemos
 D7      Gm
Isso não faz Arnesto
 C7       F        Gm
Nóis num si importa mais você devia
            C7       F
Ter ponhado um recado na porta
```

(Brék: Falado:)
Assim:
_Olá turma, não deu pra esperá. Aduvido que isso não faz mal, não tem importancia
_ E, mais nóis se arreto.
D.C. Ao fim.

FIM
```
          G7(9)
| Da outra veiz
|   C7     F   Db  F6⌢
| Nóis num vai mais
```
(Terminar a vontade)

Copyright © 1955 by IRMÃOS VITALE S/A Ind. e Com.

TIRO AO ALVARO
De: Adoniran Barbosa e Oswaldo Moles
Tom: C   PAG - 6
Introdução da 1ª ou 2ª sequência c/ preparação para cantor, sinal de repetição e pulo, do 𝄋 2º ao 𝄋 1º até o 1º ⊕ e pular para o 2º ⊕ para terminar.

𝄋
```
   C    A7    Dm
| De tanto levá frechada do teu olhá
|    G7           C
| Meu peito até parece sabe o quê
|   F   Fm    C    A7
| Táubua de tiro ao Alvaro
|      D7  G7  C
| Não tem mais onde furá,
|   G7
| Não tem mais
```

```
 C7          F
Teu olhar mata mais
   G7       C
Do que bala de carabina
      C   C7
Que veneno estriquinina
      G7
Que peixeira de baiano
         F
Teu olhar mata mais que
```

```
         C
Atropelamento de automóver
   G7                  C
Mata mais que bala de revórver   ⊕
```
Ao 𝄋 até ⊕ p/ fim.

(Terminar a vontade)
```
           G7
| Mata mais que
|    C
```

Copyright © 1960 by Fermata do Brasil / Seresta Edições Musicais Ltda.

SAMBA DO "ARNESTO"
Posições usadas nesta melodia

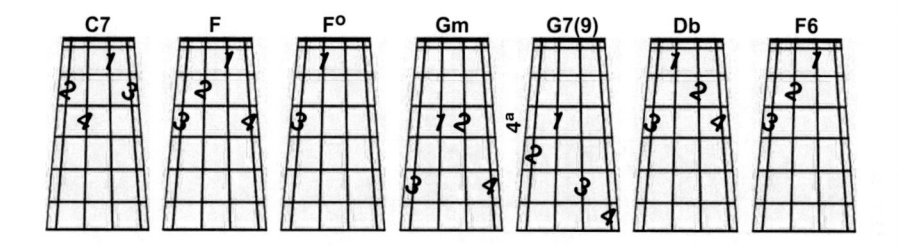

C7 F Fº Gm G7(9) Db F6

TIRO AO ALVARO
Posições usadas nesta melodia

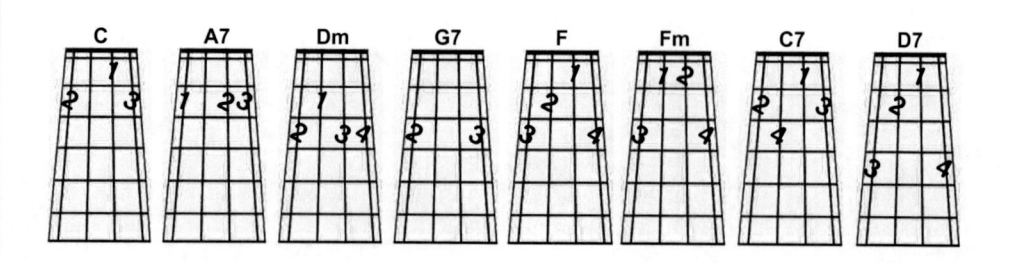

C A7 Dm G7 F Fm C7 D7

ESCURINHA
De: Geraldo Pereira e Arnaldo Passos
Tom: G   PAG - 14

Introdução da 1ª ou 2ª sequência c/ preparação para cantor, sinal de repetição e pulo, do 𝄋 2º ao 𝄋 1º até o 1º ⊕ e pular para o 2º ⊕ para terminar.

𝄋

G
Escurinha,

D7
Tu tens que ser minha

De qualquer maneira

Te dou meu boteco, te dou meu barraco
G
Que eu tenho no morro de Mangueira
D7
Comigo não há embaraço

Vem que eu te faço meu amor ⊕

G
A rainha da escola de samba
D7   **G**
Que o teu nêgo é diretor
D7   **G**
Quatro paredes de barro, telhado de zinco
E7   **Am**
Assoalho no chão, só tu escurinha
D7   **G** **E7**
É quem está faltando no meu barracão
Am
Sai disso bobinha,

D7   **G**
Só nessa cozinha levando a pior
E7   **Am**
Lá no morro eu te ponho no samba
D7   **G**
Te ensino a ser bamba, te faço a maior

⊕   Ao 𝄋 até ⊕ p/ fim.

D7   **G**
A rainha da escola de samba
        D7   **G Eb G**
Que o teu nêgo é diretor

Terminar a vontade

Copyright © 1951 by Fermata do Brasil / Editora Rio Musical

AI QUE SAUDADES DA AMÉLIA
De: Mário Lago e Ataulfo Alves
Tom: G   PAG - 14

Introdução da 1ª ou 2ª sequência c/ preparação para cantor, sinal de repetição e pulo, do 𝄋 2º ao 𝄋 1º até o 1º ⊕ e pular para o 2º ⊕ para terminar.

𝄋

G   **F   E7**
Nunca vi fazer tanta exigência
                  A7
Nem fazer o que você me faz
B7   **Em**
Você não sabe o que é consciência
A7   **D7**
Não vê que eu sou um pobre rapaz
G   **F   E7**
Você só pensa em luxo e riqueza

            A7
Tudo que você vê você quer
B7   **Em**
Ai, meu Deus que saudade da Amélia
A7   **D7**
Aquilo sim é que era mulher
              G
'Às vezes passava fome ao meu lado
B7   **Em**
E achava bonito não ter o que comer
C   **G° G**
Mas quando me via contrariado

A7   **D7**
Dizia, meu filho o que se há de fazer
                      G
Amélia não tinha a menor vaidade
D7   **G**
Amélia que era mulher de verdade   𝄋

⊕
D7   **G**
Amélia não tinha a menor vaidade
D7   **G**
Amélia que era mulher de verdade

Terminar a vontade

Copyright © 1942 by IRMÃOS VITALE S/A Ind. e Com.

ESCURINHA
Posições usadas nesta melodia

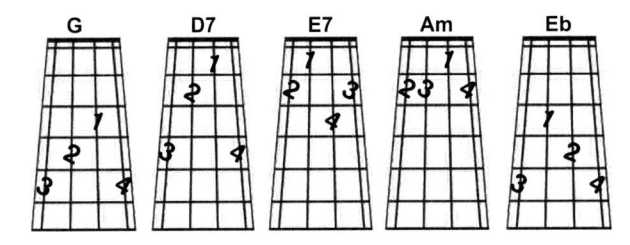

G   D7   E7   Am   Eb

AI QUE SAUDADES DA AMÉLIA
Posições usadas nesta melodia

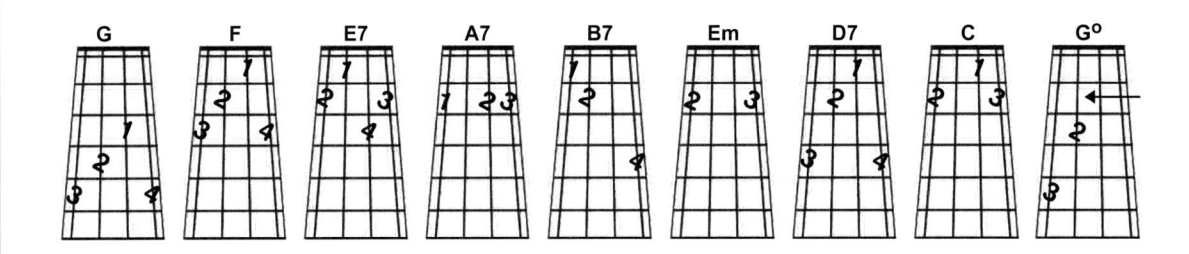

G   F   E7   A7   B7   Em   D7   C   G°

NAQUELA MESA
De: Sérgio Bitencourt
Tom: Em   PAG - 15
Introdução da 1ª ou 2ª sequência c/ preparação para cantor, sinal de repetição e pulo, do 𝄋 2º ao 𝄋 1º até o 1º ⊕ e pular para o 2º ⊕ para terminar.

𝄋   **Em**
Naquela mesa ele sentava sempre
                              Am
E me dizia sempre o que é viver melhor

Naquela mesa ele contava histórias
       B7   **Em**
E hoje na memória eu guardo e sei decor

Naquela mesa ele juntava a gente
       E7   **Am**
E contava contente o que fez de manhã
                              Em
E nos seus olhos era tanto brilho
       B7   **Em**
Que mais que seu filho, eu fiquei seu fã

Eu não sabia que doía tanto
                 Am
Uma mesa num canto, uma casa e um jardim

Se eu soubesse quanto dói a vida
       B7   **Em**
Essa dor tão doída não doía assim

Agora resta uma mesa na sala
       E7   **Am**
E hoje ninguém mais fala no seu bandolim

                              Em
Naquela mesa tá faltando ele   𝄋
       B7   **Em**
E a saudade dele tá doendo em mim

(Terminar a vontade)
Am   **Em**
Naquela mesa tá faltando ele
       B7   **Em**
E a saudade dele tá doendo em mim

Copyright © 1973 by Fermata do Brasil / Edições Claves Musical Ltda.

TAMANCO NO SAMBA
De: Orlann Divo e Helton Menezes
Tom: G   PAG - 21
Introdução da 1ª ou 2ª sequência c/ preparação para cantor, sinal de repetição e pulo, do 𝄋 2º ao 𝄋 1º até o 1º ⊕ e pular para o 2º ⊕ para terminar.

     𝄋
     Gm
┌ Samba blim, blim, blão
│
│ Tamanco batucando no quintal
│ **Ab7 D7   Gm**
BIS Samba blim, blim, blão
│   **Cm**   **Dm**   **Gm**
└ Tamanco levanta a poeira do chão

Cm   **F7**   **Bb**
Tamanco levanta a poeira do chão
Gm   **Cm F7**   **Bb Bb7**
Mulata já samba de coração
Eb   **D**
Se o samba não tem tamborim
Eb   **D7**
Faz meu samba assim

Ao 𝄋 até ⊕ p/ fim.

(Terminar a vontade)
Cm   **Dm**   **Gm**
Tamanco levanta a poeira do chão
Cm   **Dm**   **Gm Cm Gm**
Tamanco levanta a poeira do chão

Copyright © 1964 by Fermata do Brasil / Editora Bendig Music Corpotation.

NAQUELA MESA
Posições usadas nesta melodia

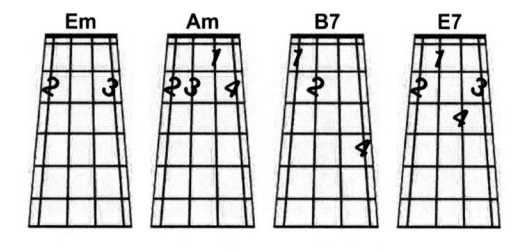

Em   Am   B7   E7

TAMANCO NO SAMBA
Posições usadas nesta melodia

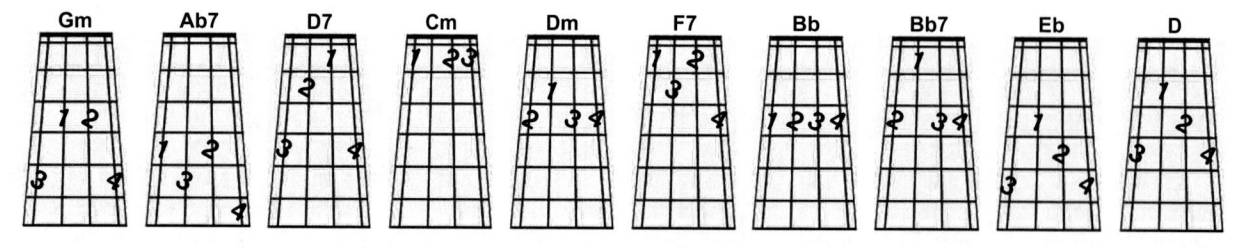

Gm   Ab7   D7   Cm   Dm   F7   Bb   Bb7   Eb   D

MULHER DE TRINTA
De: Luiz Antonio
Tom: Cm   PAG -23
Introdução da 1ª ou 2ª sequência c/ preparação para cantor, sinal de repetição e pulo, do 𝄋 2º ao 𝄋 1º até o 1º ⊕ e pular para o 2º ⊕ para terminar.

𝄋
Cm   G7
Você mulher
C7
Que já viveu

Que já sofreu
Fm
Não minta
G7   Cm
Um triste adeus
D7
Nos olhos seus

A gente vê
Fm   G7   Cm
mulher de trin - ta

G7
No meu olha
C7
Na minha voz
Fm
Um novo mundo sinta
G7   Cm
É bom sonhar
G7
Sonhemos nós

Eu e você

Cm   ⊕
Mulher de trinta
C7   Fm   D7
Amanhã sempre vem
G7
E o amanhã pode trazer alguém

⊕   *Ao 𝄋 até ⊕ p/ fim.*
G7
Eu e você
Cm   Fm Cm9 ⌢
Mulher de trinta

Terminar a vontade

Copyright © 1961 by Fermata do Brasil / Editora Musical Drink Ltda.

A VOZ DO MORRO
De: Zé Keti
Tom: F   PAG - 12
Introdução da 1ª ou 2ª sequência c/ preparação para cantor, sinal de repetição e pulo, do 𝄋 2º ao 𝄋 1º até o 1º ⊕ e pular para o 2º ⊕ para terminar.

𝄋

F   D7   Gm   Bbm
Eu sou o samba

A voz do morro

Am7   F
Sou eu mesmo, sim senhor
Fº
Quero mostrar ao mundo
Gm   C7
Que tenho valor
F
Eu sou o rei dos terreiros
D7   Gm   Bbm
Eu sou o samba

Sou natural daqui
Am7   F
Do Rio de Janeiro

Gm
Sou eu quem leva alegria

Para milhões
C7   F
De corações brasileiros
Gm   C7
Mais um samba
F
Queremos samba
Gm
Quem está pedindo   ⊕
C7   Fº   F
É a voz do povo do país

Gm   C7
Viva o samba
F
Vamos cantando
Gm   C7   F
Esta melodia pro Brasil feliz.

                           Ao 𝄋 até ⊕ p/ fim.
⊕
Gm   C7
Viva o samba
F
Vamos cantando
Gm   C7   F Db F6 ⌢
Esta melodia pro Brasil feliz.

Terminar a vontade

Copyright © 1976 by Fermata do Brasil / Editora Musical Arapuã Ltda.

MULHER DE TRINTA
Posições usadas nesta melodia

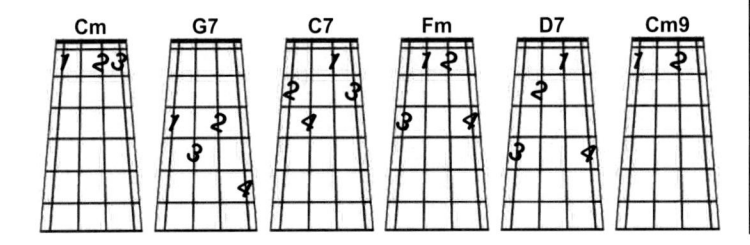

Cm   G7   C7   Fm   D7   Cm9

A VOZ DO MORRO
Posições usadas nesta melodia

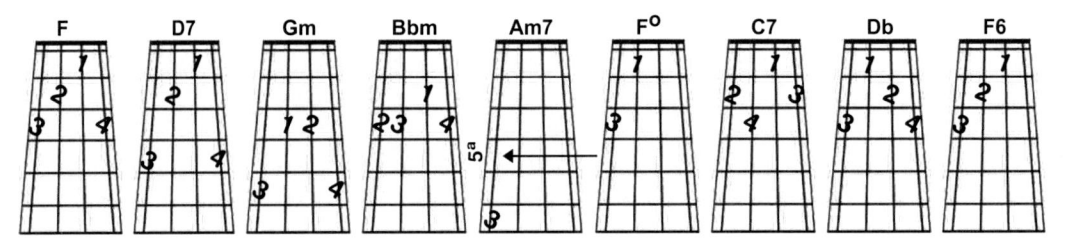

F   D7   Gm   Bbm   Am7   Fº   C7   Db   F6

39

SE ACASO VOCÊ CHEGASSE
De: Lupicinio Rodrigues
Tom: E   PAG - 10
Introdução da 1ª ou 2ª sequência c/ preparação para cantor, sinal de repetição e pulo, do 𝄋 2º ao 𝄋 1º até o 1º ⊕ e pular para o 2º ⊕ para terminar.

𝄋

       E   B7
Se acaso você chegasse
       E   B7
No meu chatô encontrasse
       E   C#7   F#m   C#7
Aquela mulher que você gostou
    F#m   F#m7
Será que tinha coragem
       B7
De trocar nossa amizade

           E   B7
Por ela que já lhe abandonou
       E
Eu falo porque essa dona
       E7
Já mora no meu barraco

       A
À beira de um regato
       A
E um bosque em flor
           Am
De dia me lava a roupa

       E   C#7   ⊕
De noite me beija a boca
    F#m   B7
E assim nós vamos vivendo de 𝄋
    E   C#7   F#m7   B7
Amor

⊕
    F#m   B7   E
E assim nós vamos vivendo de amor
    F#m   B7   E
E assim nós vamos vivendo de amor

Terminar a vontade

Copyright © 1938 by IRMÃOS VITALE S/A Ind. e Com.

TREM DAS ONZE
De: Adoniran Barbosa
Tom: Am   PAG - 7
Introdução da 1ª ou 2ª sequência c/ preparação para cantor, sinal de repetição e pulo, do 𝄋 2º ao 𝄋 1º até o 1º ⊕ e pular para o 2º ⊕ para terminar

𝄋
          Am
Não posso ficar

Nem mais um minuto com você

Sinto muito amor
          E7
Mas não pode ser
Dm Dm6   Am
Moro em Jaçanã
              F
Se eu perder esse trem
          E7
Que sai agora às onze horas

              Am
Só amanhã de manhã
       A7
Além disso mulher
       Dm
Tem outras coisas
       F
Minha mãe não dorme
              E7
Enquanto eu não chegar
Dm Dm6   Am
Sou filho único

          E7   Am
Tenho minha casa pra olhar
              E7
Não posso ficar 𝄋

⊕
Dm Dm6   Am
Sou filho único
          E7   Am
Tenho minha casa pra olhar

Terminar a vontade

Copyright © 1964 by IRMÃOS VITALE S/A Ind. e Com.

SE ACASO VOCÊ CHEGASSE
Posições usadas nesta melodia

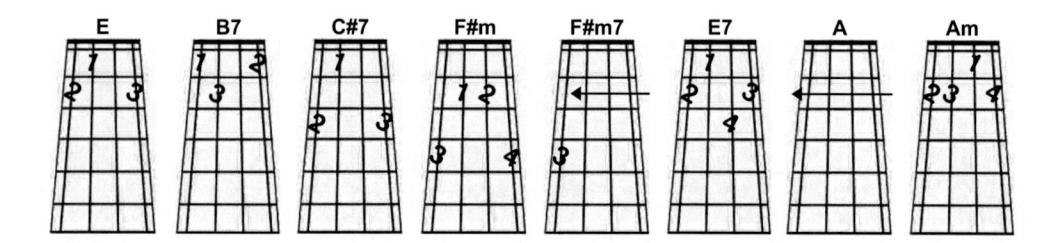

E   B7   C#7   F#m   F#m7   E7   A   Am

TREM DAS ONZE
Posições usadas nesta melodia

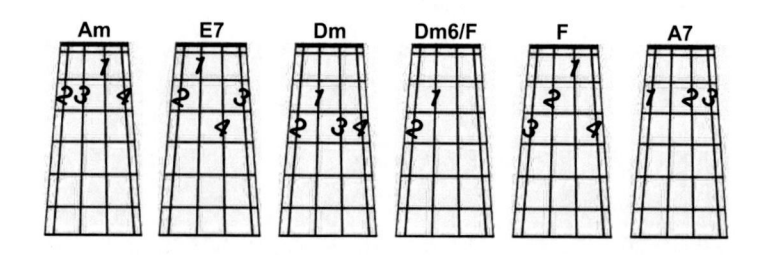

Am   E7   Dm   Dm6/F   F   A7

SAUDOSA MALOCA

Gravação: Adoniran Barbosa
Tom: Am   PAG - 7
Introdução da 1ª ou 2ª sequência c/ preparação para cantor, sinal de repetição e pulo, do 𝄋 2º ao 𝄋 1º até o 1º ⊕ e pular para o 2º ⊕ para terminar.

𝄋

   Am
Se o sinhô não tá lembrado
  E7   **Am**
Dá licença de contá
  A7
Que aqui onde agora está

Este edifício arto

Era uma casa véia

   Dm
Um palacete assobradado

Foi aqui seu moço
        Am
Que eu, Mato Grosso e o Jóca
  B7   **E7**
Construímo nossa maloca
  A7
Mais um dia
     Dm
Nóis nem pode se alembrá
     Am
Veio os home c'as ferramenta
  E7   **Am**
O dono mandô derrubá
  E7   **Am**
Peguemo todas nossas coisas
  A7
E fumos pro meio da rua

   Dm
Apreciá a demolição
A7 **Dm**   **Am**
Que tristeza que nóis sentia
     B7
Cada táubua que caía
  E7
Duía no coração

Matogrosso quis gritá
    Am
Mas em cima eu falei:
  A7
Os home tá co'a razão
    Dm
Nóis arranja outro lugá
A7 **Dm**   **Am**
Só se conformemo quando o Jóca falou:
  B7   **E7**
Deus dá o frio conforme o cobertô

   Dm
E hoje nóis pega a paia
    Am
Nas grama do jardim
  B7   **E7**   **Am**
E pra esquecê nóis cantemos assim:
   Dm   **Am**
Saudosa maloca, maloca querida
  F7
Dim dim donde nóis passemo
  E7   **Am** ⊕
Os dias feliz da nossa vida

Ao 𝄋 até ⊕ p/ fim.

⊕
   Dm   **Am**
Saudosa maloca, maloca querida
  F7
Dim dim donde nóis passemo
  E7   **Am** **Dm Am**
Os dias feliz da nossa vida

Terminar a vontade

Copyright © 1955 by IRMÃOS VITALE S/A Ind. e Com.

SAUDOSA MALOCA
Posições usadas nesta melodia

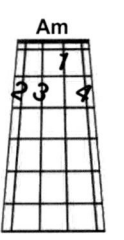

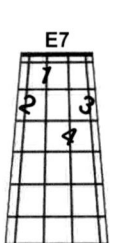

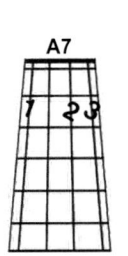

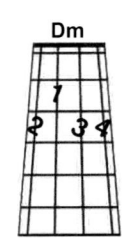

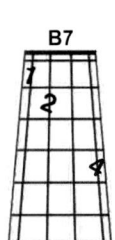

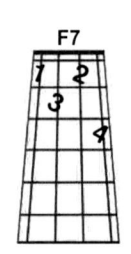

Am   E7   A7   Dm   B7   F7

RETALHOS DE CETIM
De: Benito de Paula
Tom: Am   PAG - 7
Introdução da 1ª ou 2ª sequência c/ preparação para cantor, sinal de repetição e pulo, do 𝄋 2º ao 𝄋 1º até o 1º ⊕ e pular para o 2º ⊕ para terminar.

𝄋

Am	Em

Ensaiei meu samba o ano inteiro

Am	Em

Comprei surdo e tamborim

Am	C

Gastei tudo em fantasia

Am		F	

Era só o que eu queria

F#º	F	E7	E7(9-) E7

E ela jurou desfilar pra mim

Am	Em

Minha escola estava tão bonita

Am	Em

Era só o que eu queria ver

Am	C

Em retalhos de cetim

Am	F

Eu dormi o ano inteiro

F#º	F	E7	E7(9-) E7

E ela jurou desfilar pra mim

A	E7	Em F#7

Mas chegou o carnaval

Bm	Dm E7

E ela não desfilou

Am Am7	

Eu chorei

C Am/F Am Am7 C ⊕

Na avenida eu chorei

Am7	F

Não pensei que mentia

E7	Am	Dm E7

A cabrocha que eu tanto amei.

Ao 𝄋 até ⊕ p/ fim.

⊕

Terminar a vontade

Am7	F

Não pensei que mentia

E7	Am	Dm Am6

A cabrocha que eu tanto amei.

Copyright © 1973 by IRMÃOS VITALE S/A Ind. e Com.

RETALHOS DE CETIM
Posições usadas nesta melodia

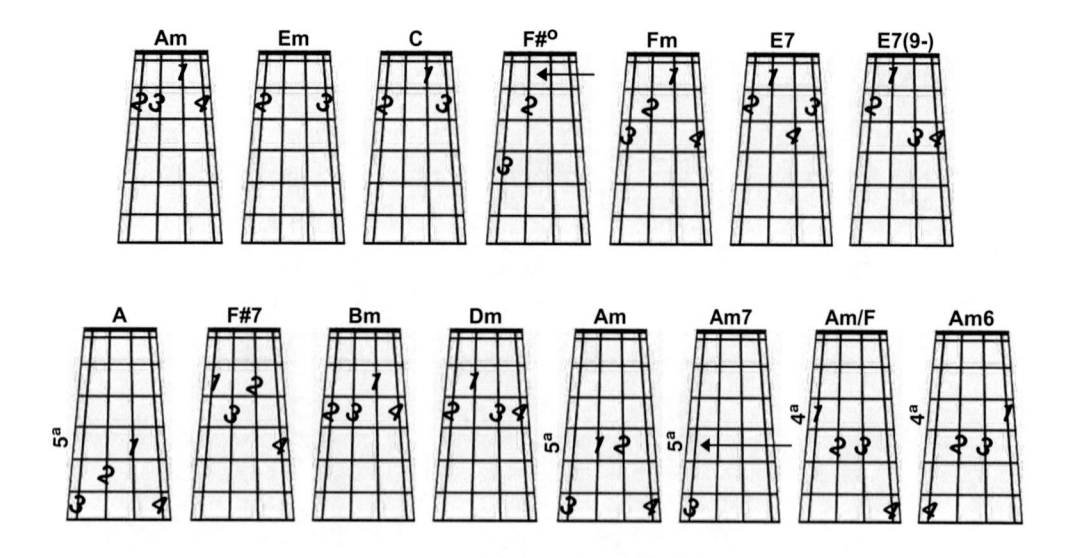

A NOITE DO MEU BEM

Gravação: Dolores Duran
Tom: Cm   PAG - 23
Introdução da 1ª ou 2ª sequência c/ preparação para cantor, sinal de repetição e pulo, do 𝄋 2º ao 𝄋 1º até o 1º ⊕ e pular para o 2º ⊕ para terminar.

𝄋

Cm	C7

Hoje eu quero a rosa

Fm	

Mais linda que houver

G7	Cm

E a primeira estrela que vier

Ab7	G7 Fº G7

Para enfeitar a noite do meu bem

Cm	C7	⊕

Hoje eu quero a paz

Fm	

De criança dormindo

G7	Cm

E o abandono de flores se abrindo

Ab7	G7 Bbm C7

Para enfeitar a noite do meu bem

F Fm7 Bb7	Eb Bbm

Quero a alegria de um barco voltando

C7	Fm Fm7

Quero a ternura de mãos se encontrando

Bb7	Eb G7	⊕

Para enfeitar a noite do meu bem

Cm	C7

Ah! eu quero o amor

Fm Fm7	

O amor mais profundo

G7	Cm

Eu quero toda beleza do mundo

Ab7 G7	Eb G7

Para enfeitar a noite do meu bem

Ao 𝄋 até ⊕ p/ fim.

⊕

Cm	C7	Fm

Ah! como este bem demorou a chegar

G7	Cm

Eu já nem sei se terei no olhar

Ab7	G7	Cm Fm Cm9

Toda ternura que eu quero lhe dar

Terminar a vontade

Copyright © 1959 by Fermata Brasil / Seresta Edições Musicais Ltda.

A NOITE DO MEU BEM
Posições usadas nesta melodia

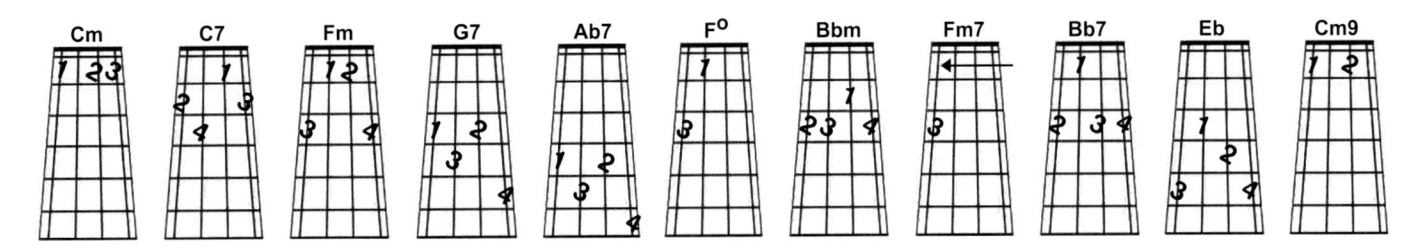

Cm C7 Fm G7 Ab7 Fº Bbm Fm7 Bb7 Eb Cm9